J.B. METZLER

eBook inside

Die Zugangsinformationen zum eBook
finden Sie am Ende des Buchs.

Stefan Majetschak

Wittgenstein und die Folgen

J. B. Metzler Verlag

Zum Autor
Stefan Majetschak ist Professor für Philosophie an der
Kunsthochschule in der Universität Kassel.

Bibliografische Information der Deutschen Nationalbibliothek
Die Deutsche Nationalbibliothek verzeichnet diese Publikation in der
Deutschen Nationalbibliografie; detaillierte bibliografische Daten sind
im Internet über http://dnb.d-nb.de abrufbar.

ISBN 978-3-476-04934-6
ISBN 978-3-476-04935-3 (eBook)
https://doi.org/10.1007/978-3-476-04935-3

J. B. Metzler ist ein Imprint der eingetragenen Gesellschaft
Springer-Verlag GmbH, DE und ist ein Teil von Springer Nature.
Die Anschrift der Gesellschaft ist: Heidelberger Platz 3, 14197 Berlin,
Germany

Einbandgestaltung: Finken & Bumiller, Stuttgart (Foto: akg-images)

J. B. Metzler
© Springer-Verlag GmbH Deutschland, ein Teil von Springer Nature, 2019

Inhalt

Werk und Leben, oder: Wie viele Wittgensteins gibt es?

»Ein Motto für dieses Buch: ›Seht ihr den Mond dort stehen? Er ist nur halb zu sehn & ist doch rund & schön.‹ [Matthias Claudius: Der Mond ist aufgegangen, Vers 3]«
(Ms 110: 189)

Wittgensteins ›Werke‹

Philosophen wirken gewöhnlich durch ihre Werke. Doch Ludwig Wittgenstein, zweifellos einer der bedeutendsten und einflussreichsten Philosophen des 20. Jahrhunderts, hat Werke nicht in nennenswertem Umfang hinterlassen. Zu seinen Lebzeiten erschienen gerade einmal zwei schmale Bücher: eine kleine, knapp 60 Seiten lange Schrift, die Wittgenstein selbst stets als *Logisch-Philosophische Abhandlung* bezeichnete, jedoch unter dem Titel *Tractatus Logico-Philosophicus* Berühmtheit erlangen sollte, sowie ein *Wörterbuch für Volksschulen*, das er während seiner Zeit als Volksschullehrer in Niederösterreich verfasste. Mit Letzterem verfolgte er keine philosophischen Ambitionen. Es umfasst ca. 3000 Wörter bzw. Wortformen und -ableitungen – von »das Aas, Aase oder Äser«, über »das Kochinchinahuhn« bis

© Springer-Verlag GmbH Deutschland, ein Teil von Springer Nature 2019
S. Majetschak, *Wittgenstein und die Folgen*, https://doi.org/10.1007/978-3-476-04935-3_1

»der Zylinder, zylindrisch« – und sollte, wie sein Verfasser betont, »einem dringenden Bedürfnis« des seinerzeitigen »Rechtschreibunterrichtes abhelfen« (WBG XXV). Es sollte nämlich den Schülern dazu dienen, »sich jederzeit über die Schreibung eines Wortes zu unterrichten; und zwar, erstens, auf möglichst rasche Weise, zweitens aber auf eine Weise, die es möglich macht, sich das gesuchte Wort dauernd einzuprägen« (ebd.).

Im Unterschied zu den bescheidenen Zielen, die er mit seinem Wörterbuch verfolgte, hat Wittgenstein die *Logisch-Philosophische Abhandlung* dagegen eine Zeitlang als sein Lebenswerk betrachtet, mittels dessen er die Jahrtausende alten Probleme der Philosophie »im Wesentlichen endgültig gelöst zu haben« glaubte (LPA Vorwort). Die große Schwierigkeit, für dieses aus kurzen, nummerierten Bemerkungen bestehende Werk einen geeigneten Verlag zu finden, sah er voraus. Denn wie er im Spätherbst 1919 in einem Brief an Ludwig von Ficker, den Verleger der seinerzeit in Innsbruck erscheinenden Halbmonatsschrift für Kunst und Kultur *Der Brenner*, schrieb, werde ein Verleger mit seinem »Buch kein Geschäft machen [...], da es niemand lesen wird und noch weniger es verstehen werden« (BW 95). Überdies sei die

»Arbeit [...] von sehr geringem Umfang, etwa 60 Seiten stark. Wer schreibt 60 Seiten starke Broschüren über philosophische Dinge? Die Werke der großen Philosophen sind alle rund 1000 Seiten stark und die Werke der Philosophieprofessoren haben auch ungefähr diesen Umfang: die Einzigen, die philosophische Werke von 50–100 Seiten schreiben sind die gewissen ganz hoffnungslosen Schmierer, die weder den Geist der großen Herren noch die Erudition der Professoren haben und doch um jeden Preis einmal etwas gedruckt haben möchten. Solche Produkte erscheinen daher auch meistens im Selbstverlag. Aber ich kann doch nicht mein Lebenswerk – denn das ist es – unter diese Schriften mischen.«   (BW 94 f.)

Glücklicherweise blieb der *Abhandlung* dieses Schicksal jedoch erspart. 1921 erschien sie im letzten Band von Wilhelm Ostwalds *Annalen der Naturphilosophie*, allerdings in einer Textfassung, die Wittgenstein nicht selbst Korrektur gelesen hatte und die er auf Grund der enthaltenen Fehler auch nicht als deren Erstveröffentlichung anzuerkennen bereit war. Eine korrigierte, deutsch-englische Ausgabe kam dann im Jahre 1922 – versehen mit einer Einleitung des seinerzeit bereits weltberühmten Philosophen Bertrand Russell, bei dem Wittgenstein in Cambridge studiert hatte – im Verlag Kegan Paul, Trench, Trubner & Co. in London heraus.

Neben den genannten beiden Büchern veröffentlichte Wittgenstein zu Lebzeiten nur noch weniger als eine Handvoll kleine Schriften. Gleichwohl hat er in den meisten Phasen seines Lebens intensiv über unterschiedliche Probleme der Philosophie geschrieben und um die Fertigstellung eines – neben der *Abhandlung* – zweiten philosophischen Buches gerungen, ohne es zu Lebzeiten zu vollenden. So ist ein philosophischer Nachlass von circa 18.000 Seiten entstanden, den Georg Henrik von Wright, einer der von Wittgenstein selbst eingesetzten Nachlassverwalter, nach Manuskripten (Ms), Typoskripten (Ts) und Diktaten (D) geordnet und jeweils durchnummeriert hat (von Wright 1986, 45 ff.), so dass sich heutige Interpreten mit Siglen wie z. B. ›Ts 213: 406‹ auf jede beliebige Stelle des Nachlasses beziehen können; in diesem Falle etwa auf die Seite 406 von Typoskript 213, des sogenannten *Big Typescript* von 1933. Seit seiner digitalen Veröffentlichung auf CD-ROM im Jahre 2000 als *Bergen Electronic Edition* (BEE) – und seit einigen Jahren partiell auch im Internet unter der Adresse *www.wittgensteinsource.org* – ist dieser Nachlass auch einer breiteren interessierten Öffentlichkeit zugänglich.

Der in der BEE veröffentlichte Nachlass lässt erkennen, dass die übrigen sogenannten ›Werke‹ Wittgensteins, wie sie unter Buchtiteln wie *Philosophische Bemerkungen*, *Philosophische Gramma-*

tik, *Bemerkungen über die Grundlagen der Mathematik* oder *Über Gewissheit* in der ›Werkausgabe‹ im Suhrkamp Verlag erschienen sind, gar keine eigenständigen ›Werke‹, sondern vielmehr Herausgeberkompilationen darstellen, von denen es in vielen Fällen als fraglich gelten muss, ob Wittgenstein sie selbst in der heute jeweils vorliegenden Textgestalt veröffentlicht hätte. Denn der Nachlass lässt erkennen, dass Wittgenstein auf eine Weise gearbeitet hat, die es häufig schwer macht zu entscheiden, welcher Status einem jeweils vorliegenden Manuskript oder Typoskript zukommt, d. h. ob er es als abgeschlossenes, gar der Veröffentlichung für wert befundenes Stadium auf seinem Denkweg, als Zwischenstadium eines *work in progress* oder gar als bloße Materialsammlung betrachtet hat.

Die Grundbausteine von Wittgensteins Denken und Schreiben stellen die sogenannten ›Bemerkungen‹ dar, die aus einem oder wenigen Sätzen, aber gelegentlich auch aus mehreren Absätzen bestehen können. In ihrer oftmals brillanten sprachlichen Gestalt erinnern sie manche Interpreten an ein aphoristisches Philosophieren à la Lichtenberg und Nietzsche oder an ein an frühromantisches Philosophieren im Fragment. Doch war die einzelne Bemerkung für Wittgenstein keineswegs ein Selbstzweck. Vielmehr gedachte er Zeit seines Lebens, seine Bemerkungen zur in sich schlüssigen Argumentation eines Buches verschweißen bzw. – nach 1936 – zumindest zu so etwas wie einem ›Album‹ verdichten zu können, welches durch die Art und Weise ihrer Zusammenstellung ›Übersicht‹ über ein philosophisches Problemfeld gewährt. Meist begann er damit, die Erstfassungen seiner Bemerkungen in Taschennotizbücher einzutragen. In einem zweiten Schritt wählte er die ihm geeignet erscheinenden Bemerkungen aus und übertrug sie, oft mit Korrekturen oder Textvarianten, in Manuskriptbände in Kassenbuchgröße. Solche Textvarianten stehen in den Zitaten des vorliegenden Buches zwischen Schrägstrichen: /.../. Aus diesen Manuskriptbänden wählte er dann wiederum die für seine jeweiligen Absichten Passendsten aus und diktierte sie einem Typisten in die Schreibmaschine. Doch auch die so entstandenen Typoskripte bildeten für Wittgenstein vielfach nichts weiter als die Ausgangsbasis neuer Bearbeitungsprozesse. Manchmal nämlich zerschnitt er die Typoskripte wieder in einzelne Zettel, um sie einer Neuordnung und Neubearbeitung unterziehen zu können. Im Zuge dieses Arbeitsprozesses hat Wittgenstein, wie Peter Keicher berichtet, »sich in Cambridge manchmal mehrere Tapeziertische ausgeliehen, auf denen er in meterlangen Reihen lose Blätter und vermutlich auch ausgeschnittene Zettel ausgebreitet hat. Auf diese Weise versuchte er offenbar, größere Textmengen zu überblicken, um aus einer ›synoptischen‹ Perspektive Umstellungen von Bemerkungsgruppen oder von einzelnen Bemerkungen vorzunehmen« (Keicher 2008, 209). Diese Neuordnungen diktierte er dann wieder, doch häufig »war Wittgenstein mit dem Ergebnis« dann »immer noch unzufrieden und überarbeitete den Text erneut handschriftlich, oder zerschnitt ihn erneut in Zettel. Das Ziel dieser Arbeit war die Herstellung eines Buches, welches formal und inhaltlich seinen Anforderungen genügte« (Kienzler 2016, 16 f.). In Wittgensteins Nachlass sind diese unterschiedlichen Überarbeitungsstufen auf dem Weg zu einer ihn befriedigenden Werkgestalt in vielen Fällen erhalten geblieben, woraus sich erklärt, dass sich zahlreiche Bemerkungen, mit Änderungen und Textvarianten, in mehreren Bemerkungssammlungen finden. Zudem hat Wittgenstein gelegentlich einzelne Bemerkungen innerhalb seiner Manu- und Typoskripte mit Absatzzeichen versehen, die er erwähnt, wenn er über seine Neulektüre des *Big Typescript* 1937 schreibt: »Schreibe jetzt nicht mehr, sondern lese nur den ganzen Tag meine Maschinenschrift und mache Zeichen zu jedem Absatz.« (Ms 119: 80r) Manche dieser Zeichen, etwa annähernd runde Kreise oder c-artige Zeichen am Rande neben einzelnen Bemerkungen, hat man als Auswahlmarkierungen deuten wollen, und so weitere, virtuelle Bemerkungssammlungen im

Nachlass erzeugt (Rothhaupt/Vossenkuhl 2013 sowie Rothhaupt 2018). Doch kaum jemals war Wittgenstein mit dem Erreichten zufrieden.

Das Ziel seiner philosophischen Arbeit, ein ihm selbst als veröffentlichungswürdig erscheinendes Buch, bestehend aus stilistisch und inhaltlich überzeugenden Bemerkungen, hat Wittgenstein tatsächlich nur einmal wirklich erreicht: im Falle seiner *Logisch-philosophischen Abhandlung*. Im Falle anderer Bemerkungssammlungen des Nachlasses wissen wir nicht, welche er als abgeschlossen betrachtete, ja ob er überhaupt irgendeine als fertiges ›Werk‹ ansah. Wohl lässt sich zeigen, dass er seit ca. 1930 die Veröffentlichung eines zweiten philosophischen Buches angestrebt hat, für das ihm seit 1936 der Titel *Philosophische Untersuchungen* vorschwebte. Die Entstehungsgeschichte dieses sogenannten ›zweiten Hauptwerkes‹ lässt sich – von seiner *Urfassung* in Ms 142 bis zu seiner *Spätfassung* in Ts 227 – im Nachlass rekonstruieren. In der Abfolge der von Wittgenstein erstellten Textfassungen ist es als *Kritisch-genetische Edition der Philosophischen Untersuchungen* von Joachim Schulte herausgegeben worden. Zu Wittgensteins Lebzeiten blieben diese *Untersuchungen* jedoch unvollendet und sind erst posthum 1953 in einer Werkgestalt erschienen, von der man zumindest mit Blick auf ihren ehemals sogenannten »Teil II« bezweifeln darf, ob sie wirklich Wittgensteins Intentionen entsprach. Dazu soll an späterer Stelle noch etwas mehr gesagt werden.

Weil es so schwierig ist, klar zu bestimmen, was überhaupt als ein fertiges ›Werk‹ Wittgensteins gelten darf (Schulte 2005), wird von manchen Interpreten die Auffassung vertreten, dass der Nachlass in seiner Gesamtheit das eigentliche ›Werk‹ Wittgensteins sei. Andere sind der Ansicht, dass nur das Frühwerk der *Logisch-philosophischen Abhandlung* und – in weitgehendem Maße – das Spätwerk der *Philosophischen Untersuchungen* im engeren Sinne als authentische ›Werke‹, also von Wittgenstein nach Form und Inhalt als gültig betrachtete Textgestalten, anzusehen seien. Wie auch immer man diese Dinge aber betrachten mag: Zu seinen Lebzeiten ist Wittgenstein ein Philosoph fast ohne veröffentlichtes Werk gewesen. Umso mehr muss es erstaunen, dass er manche seiner Zeitgenossen, selbst solche, die niemals mit ihm persönlich in Berührung kamen, philosophisch außerordentlich inspiriert hat, ja einige von ihnen geradezu fasziniert haben muss, wie z. B. aus einer Bemerkung Gilbert Ryles hervorgeht. Man könne jetzt, schrieb Ryle in Wittgensteins Todesjahr 1951, »Philosophen, die ihn nie kennengelernt haben, mit seinem Tonfall philosophieren hören; und Studenten, die kaum seinen Namen richtig schreiben können, rümpfen heute die Nase über Dinge, die er nicht mochte« (nach Kenny 1989, 11). Sie erlagen, so scheint es, der Faszinationskraft seiner Persönlichkeit.

Der ›Geist‹ der Schriften

Die Faszinationskraft von Wittgensteins Persönlichkeit wird in zahlreichen Erinnerungen an ihn bezeugt, die in zwei stattlichen Bänden zusammengetragen worden sind (Flowers III./ Ground 2016), und dürfte erklären, weshalb Wittgenstein weit mehr biographische Zuwendung erfahren hat, als irgendein anderer Philosoph des 20. Jahrhunderts oder früherer Zeiten. Brian McGuinness' (1988) minutiöse Studie über *Wittgensteins frühe Jahre* (1988) und Ray Monks (1993) romaneske Darstellung seines gesamten Lebenswegs seien beispielhaft dafür genannt. Zudem wurden seinem Leben und seiner Welt bereits ein opulenter Bildband (Nedo 2012) sowie Ausstellungen gewidmet (z. B. Drehmel/Jaspers 2011). Ja, sogar ein Kinofilm wurde über sein Leben gedreht (von Derek Jarman, 1993). So hat man viele Quellen zur Verfügung, wenn man das Schillernde seiner von Anekdoten umrankten Persönlichkeit auf sich wirken lassen will. Darum seien in diesem und im nächsten Kapitel mit groben Strichen nur einige wenige Konturen seines intellektuellen Profils skizziert sowie einige bio-bibliographische Eckpunkte verzeichnet, vor deren Hintergrund sich die Entwicklung seiner Philosophie vollzieht.

Was ist es also, das die Erscheinung von Wittgensteins Persönlichkeit sowie das intellektuelle Profil, das sie auszeichnet, so eigentümlich und für manche gar so faszinierend macht? »In der angelsächsischen Welt, auf die Wittgensteins Wirkung bisher am größten war, kann diese Erscheinung ohne eine intimere Kenntnis seines geistigen Mutterbodens unmöglich richtig verstanden werden. [...] Ludwig Wittgenstein (1889–1951) stammt aus Wien und ist, obwohl er seine höhere Ausbildung in England erworben hat und in seinen späteren Jahren Professor der Philosophie in Cambridge war, geistig durchaus nach Wien zuständig« (in Somavilla 2006, 123 f.), d. h. nur vor dem Hintergrund der Wiener Kultur seiner Zeit wirklich verständlich zu machen. In solcher Weise hat Paul Engelmann, Freund Wittgensteins seit den Tagen des Ersten Weltkrieges, in der zweiten Hälfte des 20. Jahrhunderts dessen intellektuelles Profil zu charakterisieren versucht. Freilich ist dieses Profil nicht so einfach auf den Begriff zu bringen, ist doch der »Geist«, der in Wittgensteins Schriften zum Ausdruck gelangt, »ein anderer als der des großen Stromes der europäischen & amerikanischen Zivilisation« (VB 8) seiner Zeit, wie er Anfang der dreißiger Jahre im Entwurf zu einem Vorwort eines einmal mehr nicht zustande gekommenen Buches selber meinte. »Der Geist dieser Zivilisation, dessen Ausdruck die Industrie, Architektur, Musik, der Faschismus & Sozialismus der Jetztzeit ist, ist ein« dem Wittgenstein'schen Denken »fremder & unsympathischer Geist«, welchen er »durch das Wort Fortschritt charakterisiert« (VB 8 f.) sah. In ihrem Fortschrittsstreben sei diese Zivilisation nämlich »typisch aufbauend« (VB 9) und ziele darauf ab, auf allen Gebieten von Kultur, Wissenschaft und Technik immer komplexere Gestaltungen und Gebilde hervorzubringen. Wittgenstein dagegen hielt es durchaus für möglich, dass solches unablässige Fortschrittsstreben die Menschheit in die Katastrophe führe, dass also »das wissenschaftliche & technische Zeitalter der Anfang vom Ende der Menschheit« und die es leitende »Idee vom Großen Fortschritt eine Verblendung« (VB 64) sei, wie er in einer späten Bemerkung aus dem Jahre 1947 einmal schreibt. Gegen solchen Geist arbeitete er in seinen Schriften von jeher an, denen nicht die Komplexität der philosophischen Gedanken, sondern »Klarheit« und »Durchsichtigkeit« derselben »Selbstzweck« (VB 9) war.

So sehr sich Wittgensteins Denken im Laufe seiner philosophischen Entwicklung auch gewandelt haben mochte, stets ging es ihm darum, seinen Leser für den Geist *seiner* Schriften einzunehmen, d. h. den Denkstil, ja die »*Anschauungsweise*« (Z 461) seines Lesers als solche zu verändern, um ihm dadurch zu einer Sicht der Welt zu verhelfen, die die drängenden ethischen Probleme des Lebens ebenso wie das krankhaft Quälende der überkommenen philosophischen Probleme wirklich zum Verschwinden bringt. Anders gesagt: Es ging ihm stets, in allen Phasen seiner denkerischen Entwicklung, um das, was er in einer Bemerkung von 1944 einmal als »Friede in den Gedanken« bezeichnet, der »das ersehnte Ziel dessen« darstelle, »der philosophiert.« (VB 50) Dabei wollte er seinem Leser das eigene Denken nicht ersparen, sondern ihn im Gegenteil mit seinen Schriften zu eigenem Denken anregen. Denn die »Arbeit an der Philosophie« sei überhaupt für jeden nicht allein Arbeit an alten oder neuen Problemen, sondern »eigentlich mehr die Arbeit an Einem selbst. An der eigenen Auffassung. Daran, wie man die Dinge sieht. (Und was man von ihnen verlangt.)« (VB 24). Eine definitiv richtige Sicht der Dinge wirklich erlangt zu haben, gestand er dabei wohl auch sich selbst nicht zu, wie seine immer neu einsetzende, einen definitiven Abschluss zu Lebzeiten nicht erreichende Über- und Umarbeitung seiner Bemerkungssammlungen deutlich macht.

Manchmal scheint Wittgenstein gezweifelt zu haben, ob ein Einzelner eine solche Mammutaufgabe der Änderung einer kulturell dominanten Anschauungs- und Denkweise überhaupt zu bewältigen vermag. Denn in einer von von Wright (1986, 211) zu recht als »beeindruckend« bezeichneten Bemerkung schrieb er einmal:

> »Die Krankheit einer Zeit heilt sich durch eine Veränderung in der Lebensweise der Menschen und die Krankheit der philosophischen Probleme k[ö]nnte nur durch eine veränderte Denkweise und Lebensweise geheilt werden, nicht durch eine Medizin, die ein einzelner erfand.
> Denke, dass der Gebrauch des Wagens gewisse Krankheiten hervorruft und begünstigt und die Menschheit von dieser Krankheit geplagt wird, bis sie sich, aus irgendwelchen Ursachen, als Resultat irgendeiner Entwicklung, das Fahren wieder abgewöhnt.« (BGM II, 23)

Doch dass die von ihm entwickelten Therapien des Versuchs einer Anwendung zumindest wert sind, muss er aller hier geäußerten Skepsis zum Trotz dennoch geglaubt haben.

Aus welchen Quellen sich der Geist der Wittgenstein'schen Schriften speiste, ist oft schwierig zu sagen. Obgleich er – wenn man ihm in dieser Hinsicht Glauben zu schenken bereit ist – sein Denken als »nur reproduktiv« (VB 16) betrachtet hat, da seine »Originalität, (wenn das das richtige Wort ist) [...] eine Originalität des Bodens, nicht des Samens« (VB 42) sei, gab Wittgenstein die Herkunft der auf seinen Boden fallenden Samen nur selten preis. Aus welchen Quellen er sie bezog, ist deshalb häufig unklar. Dort, wo er den reproduktiven Charakter seines Denkens betont und ausdrücklich sagt, dass er »nie eine Gedankenbewegung *erfunden*« habe, sondern sie ihm »immer von jemand gegeben« worden sei, von dem er sie »nur sogleich leidenschaftlich zu« seinem »Klärungswerk aufgegriffen«

(VB 16) habe, nennt er dann doch einmal eine Reihe von Namen, keineswegs nur solche, die dem Wiener kulturellen Milieu seiner Herkunft entstammen, wenn er schreibt, er sei von »Boltzmann, Hertz, Schopenhauer, Frege, Russell, Kraus, Loos, Weininger, Spengler« und »Sraffa beeinflusst« (ebd.) worden. Doch sicher ist diese Liste nicht vollständig, denn in unterschiedlichen Perioden seiner intellektuellen Entwicklung sind auch noch weitere, an dieser Stelle nicht genannte Autoren für ihn wichtig gewesen, etwa zur Zeit des Frühwerkes der deutsche Schriftsteller und Literaturtheoretiker Paul Ernst, den er »schon in der Log. Phil. Abhandlung als Quelle des Ausdrucks ›Missverstehen der Sprachlogik‹ hätte erwähnen müssen« (Ms 110: 184), später dann auch Friedrich Nietzsche oder Sigmund Freud (vgl. Majetschak 2006[a] und 2008). Doch manchmal ist der in Wittgensteins Klärungswerk aufkeimende Samen in der Frucht kaum mehr erkennbar. Denn, wie Wittgenstein einmal schreibt: »Wirf einen Samen in meinen Boden, & er wird anders wachsen, als in irgend einem andern Boden« (VB 42).

Eine bio-bibliographische Skizze

Die Werke mancher der genannten Autoren dürfte Ludwig Wittgenstein bereits im Elternhaus kennengelernt haben. Am 26. April 1889 kam er als jüngstes unter den acht Kindern einer ehemals jüdischen Industriellenfamilie in Wien zur Welt. Von den jüdischen Wurzeln der Familie war zu dieser Zeit freilich kaum noch etwas zu spüren. Schon die Eltern, Karl und Leopoldine, geborene Kalmus, waren im christlichen Glauben erzogen worden und identifizierten sich nicht mehr mit ihrer jüdischen Herkunft. Ludwig wurde im Glauben seiner Mutter, römisch-katholisch, getauft. Sein Vater Karl, Protestant, gestrenger Patriarch der Familie und in seinen späteren Jahren großer Förderer des Wiener Kunst- und Musiklebens, hatte in der habsburgischen Eisen- und Stahlindustrie ein Vermögen gemacht. Um den Zeitpunkt von Ludwigs Geburt gehörten die Wittgensteins zu den reichsten und einflussreichsten Familien in der zunehmend im Niedergang befindlichen Donaumonarchie. Nach genau festgelegten Plänen des Vaters wurden die Kinder – drei Töchter und fünf Söhne, eine weitere Tochter war kurz nach der Geburt verstorben – von Privatlehrern im luxuriösen Palais der Familie in der Alleegasse 16 (seit 1921 Argentinierstraße) erzogen, das die Familie zwei Jahre nach Ludwigs Geburt bezogen hatte. Erst nach den Suiziden der beiden älteren Brüder Hans und Rudi in den Jahren 1902 und 1904 – ein dritter Bruder, Kurt, nahm sich am Ende des Ersten Weltkrieges das Leben – lockerte er sein strenges Regiment, und dem jüngsten Sohn wurden größere Freiheiten zugestanden.

Die ›Alleegasse‹, wie die Wittgensteins ihr Stadtpalais nannten, war mit »Meistern der Münchner und Wiener Schule, mit Bildern von Gustav Klimt, den Sezessionisten und den Künstlerhaus-Malern« ausgestattet und stellte den »repräsentativen Wohnsitz eines Großindustriellen der Spätgründerzeit« dar; durchaus vergleichbar anderen dieser Art, »nur vielleicht etwas größer und üppiger« (Janik/Veigl 1998, 6). Hier war der junge Ludwig zuerst mit Musik und Bildender Kunst der Zeit in Berührung gekommen, unter anderen mit Johannes Brahms und Gustav Mahler sowie Malern der Wiener Sezession, für deren Ausstellungsgebäude am Karlsplatz der Vater mit einem Garantiefonds bürgte. Gustav Klimt malte 1905 das offizielle Hochzeitsporträt seiner älteren Schwester Margarethe nach der Eheschließung mit Jerome Stonborough, dem wohlhabenden Spross einer New Yorker Industriellenfamilie. Über diese intellektuell hoch interessierte Schwester, die ihren Vornamen nach der Eheschließung zu ›Margaret‹ anglisierte, aber vielleicht auch über die ebenfalls höchst belesene älteste Schwester Hermine könnte der jüngste Sohn der Familie zuerst mit der Philosophie Arthur Schopenhauers, die wichtige Impulse für seine Frühphilosophie geben sollte, sowie den Werken von Karl Kraus und Otto Weininger in Kontakt gekommen sein. Insbesondere Otto Weiningers dezidiert frauenfeindliches sowie in seinen antijüdischen Passagen von jüdischem Selbsthass geprägtes Buch *Geschlecht und Charakter. Eine prinzipielle Untersuchung* (1903) blieb für Wittgenstein aus nicht ganz klar ersichtlichen Gründen ein Leben lang ein wichtiger Bezugspunkt, den er Freunden immer wieder, oft zu deren größtem Erstaunen, zur Lektüre empfahl. Über die Schwester Margaret könnte er schließlich auch schon früh erstmals der von Sigmund Freud begründeten Psychoanalyse begegnet sein, wie Ray Monk (2017, 6) andeutet; eine Lehre, zu der er stets ein ambivalentes Verhältnis hatte, die aber in späteren Jahren seine Vorstellungen von philosophischer Methode beeinflusste.

In seinem familiären Umfeld wurde der junge Ludwig Wittgenstein freilich nicht so sehr als intellektuelle, sondern eher als praktische Begabung angesehen, weshalb er nicht für eine klassische Gymnasialbildung bestimmt, sondern auf die k. u. k. Staatsoberrealschule in Linz geschickt wurde, deren Lehrplan man als praktischer orientiert betrachtete. Hier bestand Wittgenstein im Sommer 1906 die Matura (Iven 2003, 207, mit Faksimile und Transkription des Abituraufsatzes über einen Vers aus Johann Gottfried Herders *Der Cid*: »Arbeit ist des Blutes Balsam, Arbeit ist der Tugend Quell«). Seine Absicht, anschließend bei Ludwig Boltzmann in Wien Physik zu studieren, wurde jedoch durch Boltzmanns Suizid im selben Jahr zunichte gemacht. Wittgenstein entschloss sich deshalb, ein Maschinenbaustudium an der Technischen Hochschule Charlottenburg aufzunehmen, der Vorgängerinstitution der heutigen TU Berlin. Weil ihm das Studium in Charlottenburg aber nicht zusagte, ging er auf Anraten des Vaters 1908 nach England und setzte das Studium am College of Technology in Manchester fort. Hier interessierte er sich besonders für ingenieurwissenschaftliche Probleme der Aeronautik und arbeitete unter anderem an der

Entwicklung eines Flugmotors, den er 1910 zum Patent anmeldete. Die mathematischen Probleme, denen er bei seiner ingenieurwissenschaftlichen Arbeit begegnete, führten ihn bald zum Nachdenken über Grundlagenprobleme der Mathematik. Er liest Bertrand Russells *The Principles of Mathematics* (1903) und Gottlob Freges *Grundgesetze der Arithmetik* (1893) und bemüht sich, mit beiden Autoren schriftlich in Kontakt zu treten. Letzterer ermutigt ihn, philosophische Grundlagenfragen der Mathematik und Logik bei Russell in Cambridge systematisch zu studieren.

Freges Rat folgend, wechselte Wittgenstein 1911 nach Cambridge, blieb freilich weiterhin in Manchester eingeschrieben, da er Zweifel an seinen philosophischen Fähigkeiten hegte. Russell gelang es jedoch, den jungen Mann, dessen Charakter und Talente ihn bald mehr und mehr faszinierten, von seiner Befähigung zu überzeugen. In Cambridge entwickelte sich Wittgenstein rasch zu einer intellektuell auffälligen, wenn nicht gar dominanten Gestalt. Er wird zum Mitglied der *Cambridge Conversazione Society*, eines exklusiven Debattierclubs, der auch unter dem Namen »The Apostles« bekannt ist, und in dem er mit Lytton Strachey, Sidney Saxon-Turner und dem späteren Nobelpreisträger für Wirtschaftswissenschaften John Maynard Keynes einigen Mitgliedern der sogenannten *Bloomsbury Group* begegnet (Rosenbaum 2016, 160). Hier befreundete er sich auch mit George Edward »G. E.« Moore, der am Trinity College neben Russell Philosophie lehrte. Zudem schloss er Freundschaft mit dem früh verstorbenen Mathematikstudenten David Pinsent, dessen Andenken er später die *Logisch-Philosophische Abhandlung* widmen wird.

Zusammen mit Pinsent unternahm Wittgenstein 1912 und 1913 teils ausgedehnte Reisen nach Island und nach Norwegen (Pinsent 1994), auf denen er sich nicht nur der Erholung, sondern auch der Arbeit an den logisch-philosophischen Problemen widmete, über die er mit Russell, von Letzterem inzwischen als philosophisch nahezu ebenbürtig betrachtet, im Gespräch stand. In Norwegen schreibt er 1913 »Aufzeichnungen über Logik« nieder, die die erste erhaltene Keimzelle der *Logisch-Philosophischen Abhandlung* bilden. Im selben Jahr stirbt auch der Vater, der den verbliebenen Geschwistern ein immenses Vermögen hinterlässt, das Ludwig jedoch als Belastung empfunden haben dürfte. Denn ein Jahr später stellte er über den *Brenner*-Herausgeber Ludwig von Ficker »eine Summe von 100.000 Kronen« zur Verteilung »an unbemittelte österreichische Künstler« (BW 59, 14.7.1914) zur Verfügung und überschrieb seinen restlichen Anteil an der Erbschaft den Geschwistern. Das Ausmaß seiner 100.000 Kronen-Spende – eines außerordentlich generösen Aktes anonymen Mäzenatentums, denn »den Namen des Geschenkgebers erfuhr die Öffentlichkeit [...] erst 1954« (Janik 2014, 128) – lässt sich ermessen, wenn man bedenkt, dass Universitätsprofessoren um 1910 jährlich zwischen »6400 und 11.900 Kronen, Gymnasiallehrer zwischen 2800 und 3300 Kronen« und Facharbeiter »1000 bis 1500 Kronen« (so der Wirtschaftshistoriker Roman Sandgruber nach Janik 2014, 129) verdienten.

1914 verbrachte Wittgenstein das Frühjahr erneut in Norwegen, wo er sich an schwer zugänglichem Ort in der Nähe von Skjolden an einem See ein Haus errichten ließ, in dessen Abgeschiedenheit er ungestört über philosophische Probleme nachdenken zu können hoffte. Hier erhielt er aus Cambridge Besuch von G. E. Moore, dem er einen Text über Sprache und Logik diktierte, der unter dem Titel »Aufzeichnungen, die G. E. Moore in Norwegen nach Diktat niedergeschrieben hat« erhalten geblieben ist. Wittgensteins Hoffnung, längere Zeit in Norwegen ungestört über Philosophie nachdenken zu können, wurde jedoch durch den Ausbruch des Ersten Weltkrieges durchkreuzt. Während des Krieges, in den Wittgenstein als rangloser Freiwilliger in einem österreichisch-ungarischen Artillerieregiment eintrat und an dessen Ende er im Range eines Leutnants der Reserve in italienische Gefangenschaft geriet, arbeitete er allen

Kriegsereignissen und allen Leidens an der von ihm als widerwärtig erlebten soldatischen Umwelt zum Trotz kontinuierlich an seiner *Logisch-Philosophischen Abhandlung* (von diesem 1918 vollendeten Werk ist eine unter dem Titel »Prototractatus« bekannt gewordene Vorfassung erhalten geblieben). In den Jahren des Krieges schrieb er zudem verschiedene Tagebücher, die unter dem Titel *Tagebücher 1914–1916* veröffentlicht worden sind und in die Entstehung der Gedankenwelt der *Abhandlung* Einblick bieten, sowie sogenannte *Geheime Tagebücher*, die in einer codierten Schrift verfasst sind und über sein persönliches Erleben des Krieges Aufschluss bieten.

In der Mitte des Krieges lernte Wittgenstein den bereits erwähnten Architekten Paul Engelmann kennen, der zwischen 1926 und 1928 gemeinsam mit ihm in der Wiener Kundmanngasse ein Stadtpalais für seine Schwester Margaret errichten wird. Wie Engelmann in seinen »Erinnerungen an Ludwig Wittgenstein« berichtet, lernten sie sich kennen, als Wittgenstein – soeben »nach Olmütz auf die Artillerie-Offiziersschule« versetzt – ihn 1916 aufsuchte, um ihm Grüße von seinem »damaligen Lehrer, dem bekannten und bedeutenden Wiener Architekten Adolf Loos« zu überbringen, dessen Bauschule Engelmann in Wien besucht hatte (Zitate in: Somavilla 2006, 204 und 87). Weiteren für ihn wichtigen Gesprächspartnern begegnete er am Ende des Krieges im Gefangenenlager von Monte Cassino: dem Bildhauer Michael Drobil, in dessen Atelier Wittgenstein später eine Mädchenbüste, das einzige von ihm erhaltene bildhauerische Werk, herstellen wird, sowie dem Volksschullehrer Ludwig Hänsel, mit dem ihn eine jahrelange intensive Korrespondenz verbinden sollte.

Letztgenannter könnte für Wittgenstein, der durch die Kriegserlebnisse charakterlich verändert war und der nach Abschluss der *Abhandlung* zu den mutmaßlich endgültig gelösten Problemen der abendländischen Philosophie überdies nun meinte, nichts mehr zu sagen zu haben, ein Vorbild bei seinem Entschluss gewesen sein, selbst ebenfalls Volksschullehrer zu werden. Im September 1919 beginnt er in Wien eine entsprechende Ausbildung und bemüht sich nebenbei um die Veröffentlichung seines Buches – ein wie eingangs erwähnt schwieriges Unterfangen. Nach Abschluss der Lehrerausbildung arbeitete er 1920 dann noch kurzzeitig als Hilfsgärtner im Stift Klosterneuburg bei Wien, ehe er in Trattenbach in Niederösterreich, nahe Kirchberg am Wechsel, seine erste Lehrerstelle antrat. Das Zimmer, das Wittgenstein in Trattenbach bewohnte, ist heute ein touristischer Anziehungspunkt für die Teilnehmer der seit 1976 alljährlich in Kirchberg stattfindenden internationalen Wittgenstein-Symposien (Leinfellner/Windholz 2005, 49 ff.). Es folgten – teils kurze – Stationen als Lehrer in Haßbach, Puchberg und Otterthal. Bezug zu philosophischen Fragen verlor Wittgenstein in diesen Jahren nicht gänzlich, denn 1924 erhielt er in Puchberg Besuch von Frank Ramsey, der in der Zeitschrift *Mind* die erste Rezension der 1922 erschienenen *Logisch-Philosophischen Abhandlung* veröffentlicht hatte. Mit Ramsey diskutierte Wittgenstein die Gedankenwelt seines Frühwerkes bei mehreren Zusammenkünften.

1925 erschien dann in Wien das *Wörterbuch für Volksschulen*, wenngleich ohne die Einleitung, die Wittgenstein dafür verfasst hatte. Die Periode als Volksschullehrer endete 1926. In diesem Jahr schied Wittgenstein aus dem Schuldienst aus, nachdem einer seiner Schüler nach einer Ohrfeige von ihm ohnmächtig geworden war. Zwar wurde Wittgenstein im Zuge eines Dienstaufsichtsverfahrens von seiner Verantwortung entlastet, im April 1926 bat er jedoch selbst um seine Entlassung aus dem Schuldienst. Nach einer weiteren kurzen Episode als Hilfsgärtner, dieses Mal im Kloster der Barmherzigen Brüder in Hütteldorf, begann Wittgenstein dann Ende 1926 gemeinsam mit Paul Engelmann die Arbeit am Haus der Schwester in der Wiener Kundmanngasse, wobei er bald die Federführung beim Bau des schnörkellosen, an Loos'sche Architekturentwürfe erinnernden Gebäudes übernommen zu haben scheint.

Bereits seit 1924 bemühte sich der Philosoph und Physiker Moritz Schlick mit Wittgenstein in Kontakt zu gelangen und ihn zu den Gesprächsrunden des am Mathematischen Institut der Universität Wien residierenden, sogenannten Wiener Kreises einzuladen, weil er die *Logisch-Philosophische Abhandlung* für ein Produkt eines positivistisch gesonnenen Geistes hielt, von dem er glaubte, dass er mit der wissenschaftlichen Weltauffassung dieses Kreises sympathisieren müsse. Doch erst 1927 kam es zu einem ersten Treffen zwischen Wittgenstein und Schlick, an das sich Treffen mit weiteren Mitgliedern des Kreises – Rudolf Carnap, Hans Feigl und Friedrich Waismann – anschlossen. Die Themen, die bei diesen Treffen behandelt wurden, lassen sich einem in der Suhrkamp Werkausgabe erschienenen Band mit dem Titel *Ludwig Wittgenstein und der Wiener Kreis* (1984), bestehend aus Gesprächsaufzeichnungen von Friedrich Waismann, entnehmen. Diese Treffen dürften freilich nicht immer der sachlich-wissenschaftlichen Grundstimmung der anwesenden Mitglieder des Wiener Kreises entsprochen haben. Wittgenstein war viel zu absorbiert von der Aufgabe des Hausbaus und oft mit ganz anderen Themen beschäftigt, als sie die Mitglieder des Wiener Kreises für diskussionswürdig hielten. So soll er bei einem Treffen, mit dem Rücken zu den Zuhörern gewandt, Gedichte von Rabrindranath Tagore verlesen haben.

Das Jahr 1929 markiert einen Einschnitt in Wittgensteins Leben. Wittgenstein kehrt zur Philosophie und nach Cambridge zurück. In vielen Darstellungen von Wittgensteins Lebenslauf wird vermutet, dass es ein 1928 in Wien gehaltener Vortrag des niederländischen Logikers L. E. J. Brouwer über Probleme von Wissenschaft, Mathematik und Sprache gewesen sei, den Wittgenstein zusammen mit Feigl und Waismann besucht und der ihn inspiriert habe, sich nach einer Dekade zwar nicht vollständiger, aber doch weitgehender philosophischer Abstinenz wieder eingehender mit philosophischen Fragen zu befassen. Doch was der eigentliche Anlass auch gewesen sein mag: Wittgenstein beschloss, zumindest für einige Zeit nach Cambridge zurückzukehren und einige offene Fragen seiner Frühphilosophie, die ihm inzwischen aufgegangen waren, zu bearbeiten. Am 18. Januar 1929 trifft er in Cambridge ein.

Diese Rückkehr wird in der Wittgenstein-Interpretation in der Regel als das Ende der Frühphilosophie der *Logisch-Philosophischen Abhandlung* und als der Beginn einer zweiten, späteren Periode seines Philosophierens verstanden, die sich in der Gedankenwelt der *Philosophischen Untersuchungen* niederschlagen wird. In der frühen Wittgenstein-Forschung wurde der Übergang vom Früh- zum Spätwerk dabei häufig als ein radikaler Bruch gedeutet, der zwei unterschiedliche Philosophien hervorgebracht habe, was die Interpreten veranlasste, von einem ›Wittgenstein I‹ und einem ›Wittgenstein II‹ zu sprechen – oftmals so, als hätten beide kaum etwas miteinander zu tun. Seit Wittgensteins Nachlass für die interessierte Allgemeinheit zugänglich ist, hat sich in der Forschung jedoch immer deutlicher gezeigt, dass sich der Übergang allmählich, in einem Zeitraum von mehreren Jahren vollzieht, wobei sich in Wittgensteins Entwicklung eventuell sogar mehr Kontinuitäten als radikale Brüche erkennen lassen. Dabei zeigte sich, dass die Frage, wann man den Übergang von der Früh- zur Spätphilosophie genau ansetzt, wohl davon abhängig ist, welche Veränderung in Wittgensteins Denken man als die entscheidende betrachtet: seine Preisgabe der Idee »eine[r] primäre[n] Sprache im Gegensatz zu unserer gewöhnlichen« Alltagssprache in den Manuskriptbänden von 1929/30 (Ms 108: 29), seine Einführung der Sprachspielkonzeption um 1933 oder gar erst seine »Wende vom ›Buch‹ zum ›Album‹« Ende 1936 (Pichler 2004, 14), als er die Vorstellung, ein der Form nach klassisches philosophisches Buch schreiben zu wollen, definitiv aufgibt, oder gar noch eine andere. Im Blick auf diese Übergangsperiode – den Zeitraum zwischen Januar 1929 und November 1936 – sprechen zahlreiche Interpreten heute auch von einem sogenannten ›mittleren Wittgenstein‹ zwischen Früh- und Spätwerk.

Deutlich ist freilich zumindest so viel: Anfang 1929 ist Wittgensteins Denken noch ganz den Ideen des Frühwerkes verpflichtet. Er kommt, wie gezeigt wurde (Kienzler 1997), zunächst als Erklärer, noch nicht als Kritiker seiner Frühphilosophie nach Cambridge zurück. Doch rasch setzte ein langer, anhaltender Arbeitsprozess ein. »Bereits am 2. Februar beginnt er den ersten und bald darauf den zweiten Band der *Philosophischen Bemerkungen*, der Anfang einer Reihe von insgesamt achtzehn Manuskriptbänden in zumeist großformatigen, fest gebundenen Kontorbüchern von je ca. 300 Seiten Umfang, an denen er bis 1940 schreibt« (Nedo 2012, 431). Im Juni des Jahres verteidigte Wittgenstein die *Logisch-Philosophische Abhandlung*, mit Russell und Moore als Prüfern, am Trinity College als Doktorarbeit. Auch sein im November des Jahres gehaltener *Vortrag über Ethik* steht gedanklich noch in im Banne der *Abhandlung* und bietet wichtigen Aufschluss über sein frühes Denken. Selbiges gilt auch für die »Bemerkungen über logische Form«, die den einzigen annähernd konventionellen philosophischen Aufsatz darstellen, den Wittgenstein in seinem Leben veröffentlicht hat. Doch schon ab 1930 kam es zunehmend zu einer Erosion der theoretischen Grundlagen des Frühwerkes. Mithilfe eines Stipendiums des Trinity Colleges konnte Wittgenstein unbeschwert philosophisch arbeiten, und bald wurde ihm klar, dass er ein zweites Buch würde schreiben müssen, für das er auch schon Titel erwog. »Mein Buch soll heißen:«, notierte er in Ms 110: 214, »Eine Philosophische Betrachtung. (Als Haupt-, nicht als Untertitel)«. Einige Seiten später heißt es: »Mein Buch könnte auch heißen: Philosophische Grammatik. Dieser Titel hätte zwar den Geruch eines Lehrbuchtitels, aber das macht ja nichts, da das Buch hinter ihm steht« (Ms 110: 254). Einem Taschennotizbuch von 1932 lässt sich zudem entnehmen, dass er sein zweites Buch auch »Philosophische Betrachtungen. Alphabetisch nach ihren Gegenständen geordnet« (Ms 154: 1r) oder »Philosophische Bemerkungen« mit dem Zusatz »nach ihren

Gegenständen alphabetisch geordnet« (Ms 154: 9v–10r) zu nennen erwog. Ein Typoskript aus dieser Zeit, vermutlich dasjenige, das Wittgenstein zur Begutachtung für das erwähnte Stipendium einreichte, ist in der Werkausgabe dann auch posthum unter dem Titel *Philosophische Bemerkungen* veröffentlicht worden.

Die Idee eines zweiten Buches war also schon kurz nach der Rückkehr nach Cambridge geboren, aber dessen Ausführung sollte, wie erwähnt, zu Lebzeiten nicht gelingen. Der von Wittgenstein erwogenen Titel haben sich dann seine Herausgeber bedient, wenn sie ›Werke‹ aus den Schriften des Nachlasses zusammenstellten. Allein von einigen Urlaubsreisen sowie den obligaten jährlichen Heimreisen nach Österreich zur Weihnachtszeit unterbrochen, verbrachte Wittgenstein die nächsten Jahre in Cambridge und bemühte sich um das zweite Buch. 1933 arbeitete er an Typoskript 213, welches die besten Bemerkungen seines philosophischen Schreibens seit der Rückkehr nach Cambridge zusammentragen sollte. Es nimmt unter den in Wittgensteins Nachlass befindlichen Typoskripten eine Sonderstellung ein, die ihm bereits sein Autor zubilligte, der sich im Laufe seines weiteren Denkweges allein auf Ts 213 immer wieder als auf die bzw. seine ›Maschinenschrift‹ bezog. Über Jahre hat er sie immer wieder gelesen und bearbeitet sowie mit Änderungen, Anmerkungen und Absatzzeichen versehen. Auf das Typoskript inklusive der genannten Änderungen und Ergänzungen bezieht man sich mittlerweile zumeist unter dem Namen *Big Typescript*. Für den heutigen Leser ergibt sich dessen Sonderstellung unter den im Nachlass überlieferten Typoskripten wohl primär aus der Tatsache, dass kein anderes von Wittgenstein selbst zusammengestelltes Textkonvolut so sehr den Eindruck eines für die Veröffentlichung bestimmten Buches erweckt, wie eben dieses. Denn kein anderer Text Wittgensteins als diese 768 Typoskriptseiten, zu denen noch ein eigens von ihm erarbeitetes achtseitiges Inhaltsverzeichnis hinzukommt, weist eine Kapiteleinteilung mit Haupt- und Unterüberschriften auf, die den unter ihnen versammelten Bemerkungen auf den ersten Blick den Anschein einer fertigen, für die Publikation bestimmten Argumentation verleihen. Über den Status, der dem *Big Typescript* zukommt, herrscht in der Forschung heute allerdings Uneinigkeit: Die Auffassungen reichen von einer Anerkennung als (nahezu) fertiges Buch – und damit als eigenständiges ›Werk‹ Ludwig Wittgensteins – bis hin zu der Einschätzung, dass es sich um nichts weiter als eine bloße Materialsammlung ohne argumentativen Anspruch handle (Kienzler 2006). Teile von Ts 213 sind in der Werkausgabe posthum unter dem Titel *Philosophische Grammatik* herausgegeben worden.

Obgleich Wittgenstein einen großen Teil seines Lebens in einer englischsprachigen Umgebung verbrachte, hat er über philosophische Fragen stets in seiner Muttersprache nachgedacht und geschrieben. Zwar hielt er seit 1930 in Cambridge »Vorlesungen«, für die er »die Sachen englisch zusammenstellen« musste, doch fühlte er sich dadurch in seinem »deutschen Denken gestört; wenigstens bis sich ein Friedenszustand zwischen den beiden« Sprachen »gebildet hat & das dauert einige Zeit, vielleicht sehr lang« (Ms 183: 48). Aus diesem Grunde liegen fast sämtliche im Nachlass überlieferten Schriften in deutscher Sprache vor. Ausnahmen bilden das sogenannte *Blaue* und das *Braune Buch*, die Wittgenstein 1933/34 bzw. 1934/35 einer Reihe von Studierenden auf Englisch diktierte und die wichtige Stationen der Entwicklung seiner Ideen auf dem Weg zur Spätphilosophie darstellen.

1935 unternahm Wittgenstein eine Reise in die Sowjetunion. Offenbar hat er eine Zeitlang mit dem Gedanken gespielt, dorthin zu übersiedeln. An der Universität von Kasan bot man ihm eine Professur für Philosophie an, doch scheint das Land, das Wittgenstein bereiste, seinen Erwartungen nicht entsprochen zu haben. Denn desillusioniert kehrte er von dieser Reise nach Cambridge zurück. In Cambridge sowie auf Reisen nach Irland und Norwegen versuchte er bis Ende 1936, die Arbeit an einem zweiten Buch voranzutreiben. Unter dem erstmals verwendeten Titel *Philosophische Untersuchungen* bemühte er sich Ende August 1936, die englisch diktierten Überlegungen des *Braunen Buches* zu einem Buch in deutscher Sprache umzuarbeiten. Doch diese Bemühung scheitert. Im November des Jahres begann er dann, die sogenannte *Urfassung* der *Philosophischen Untersuchungen* (Ms 142) niederzuschreiben, die ersten 189 Bemerkungen seines posthum 1953 veröffentlichten zweiten Hauptwerkes, die er in alle Fassungen der Entstehungsgeschichte dieses Buches weitgehend unverändert übernimmt. Die Periode zwischen November 1936 und Wittgensteins Tod im April 1951 lässt sich als die Zeit seiner Spätphilosophie bezeichnen.

Empfindliche Veränderungen seiner Lebensumstände brachte das Jahr 1938. Wittgenstein sah sich plötzlich in einer »außerordentlich schwierigen Lage. Durch die Einverleibung Österreichs ins Deutsche Reich«, so notierte er in Ms 120, »bin ich Deutscher Staatsbürger geworden. Dies ist für mich ein furchtbarer Zustand, denn ich bin nun abhängig von einer Macht, die ich in keinem Sinne anerkenne. Die deutsche Staatsbürgerschaft ist für mich wie ein heißes Eisen, das ich ständig halten müsste. Das heiße Eisen will ich also wegwerfen« (Ms 120: 123r). Denn die deutsche Staatsbürgerschaft hatte nicht zuletzt zur Folge, dass er und seine in Österreich verbliebenen Angehörigen »einen deutschen Judenpass [...] statt des alten österreichischen« (Ms 120: 123v) erhalten sollten, da sie – aller Assimilation und Christianisierung zum Trotz – auf Grund ihrer Abstammung nach den damaligen deutschen Rassegesetzen nun von einem Tag auf den anderen als Juden galten. Der deutschen Staatsbürgerschaft entledigte er sich, indem er die britische annahm. Sie gestattete es ihm dann auch, 1939 nach Wien, Berlin und Zürich zu reisen, um gegen die Zahlung einer von den nationalsozialistischen Machthabern geforderten horrend hohen Geldsumme für die Familie Ausreisegenehmigungen und die Anerkennung einer von den deutschen Rassegesetzen nicht betroffenen Abstammung zu erreichen (Schwaner 2008, 149 ff.).

1939 ist auch das Jahr, in dem Wittgenstein von der Universität Cambridge einen Ruf auf eine Professur für Philosophie in der Nachfolge von G. E. Moore erhielt, die er bis 1947 innehaben wird. Wohl auch auf Grund der Umstände und Ereignisse des Zweiten Weltkrieges lehrte Wittgenstein allerdings nur unregelmäßig und dazu häufig nur in privatem Rahmen, dabei zu universitär durchaus ungewöhnlichen Zeiten, die Michael Nedo (2012, 435) für das Jahr 1941 vermerkt: »jeweils Samstag nachmittags und oft zusätzlich Sonntag vormittags«. Während des Krieges leistete er Freiwilligendienst in einem Londoner Krankenhaus und arbeitete als Laborassistent in einer Forschungsgruppe zur Wundschocktherapie in London und Newcastle. Da Reisen nach Österreich kriegsbedingt nicht mehr möglich waren, verbrachte er in diesen Jahren viel Zeit im walisischen Swansea bei seinem Schüler und späteren Nachlassverwalter Rush Rhees. Er arbeitete weiterhin an den *Philosophischen Untersuchungen* und schrieb zwischen September 1937 und April 1944 an jenen Manu- und Typoskripten, die posthum als *Bemerkungen über die Grundlagen der Mathematik* veröffentlicht worden sind. Auch wenn Wittgenstein nach 1945 noch gelegentlich kleine Änderungen und Ergänzungen an den *Philosophischen Untersuchungen* vorgenommen hat, ist dessen ›erster Teil‹ in Form der ersten 693 Bemerkungen in diesem Jahr im Wesentlichen vollendet.

In den letzten Jahren seines Lebens verbrachte Wittgenstein viel Zeit in Irland, wo er des Öfteren seinen ehemaligen Schüler, den Psychiater Maurice O'Connor Drury besucht. In seiner philosophischen Arbeit beschäftigte er sich jetzt hauptsächlich mit Fragen der Philosophie der Psychologie, konkreter gesagt: mit den Missdeutungen, die man psychologischen Begriffen philosophisch oft zuteilwerden lässt. 1947 und 1948 arbeitete Wittgenstein an zwei umfangreichen Typoskripten, die unter dem Titel *Bemerkungen über die Philosophie der Psychologie* veröffentlicht worden sind. Eine Reihe von Manuskripten aus diesem Zeitraum wurden als *Letzte Schriften über die Philosophie der Psychologie I und II* herausgegeben. Im selben Zeitraum erstellt er eine Auswahl von Bemerkungen vor allem zum Thema ›Aspektwahrnehmung‹, die die Grundlage für den ehemals sogenannten ›Teil II‹ der *Philosophischen Untersuchungen* darstellte. Nach heutigem Kenntnisstand hat man jedoch keinen Anlass zu der Vermutung, dass Wittgenstein diese Bemerkungen in die *Philosophischen Untersuchungen* aufnehmen wollte. In neueren Ausgaben des Werkes werden sie deshalb unter anderem Namen (*Philosophie der Psychologie – Ein Fragment*) veröffentlicht oder sogar ganz weggelassen.

Im Juli und August 1949 reiste Wittgenstein in die USA, um seinen an der Cornell University in Ithaca im Bundesstaat New York Philosophie lehrenden Freund und Schüler Norman Malcolm zu besuchen. Malcolm scheint ihn angeregt zu haben, sich mit einigen auf G. E. Moore zurückgehenden Überlegungen zum epistemischen Status scheinbar unbezweifelbarer Sätze – z. B. ›Ich weiß, dass hier eine Hand ist‹ oder ›Ich weiß, dass die Erde lange vor meiner Geburt existiert hat‹ – zu befassen. Diese Überlegungen beschäftigten Wittgenstein intensiv. Bis wenige Tage vor seinem Tod schrieb er an jenen Manuskripten, die später unter dem Titel *Über Gewissheit* zusammengefasst wurden und heute gelegentlich, zu Recht oder zu Unrecht, als eigenes ›Werk‹ Wittgensteins betrachtet werden. Zudem schrieb Wittgenstein in seinen letzten beiden Lebensjahren an Manuskripten, die als *Bemerkungen über die Farben* bekannt geworden sind.

Da seine Philosophie nach den *Philosophischen Untersuchungen* in den Augen einiger Interpreten Veränderungen bzw. Fortführungen gegenüber den dort erreichten Positionen erkennen lässt, möchten manche heute im Zeitraum 1945 bzw. 1947 bis 1951 eine eigene Werkphase, sozusagen einen ›dritten‹ oder – sofern man die Zeit von 1929 bis Ende 1936 ebenfalls als eine eigenständige Entwicklungsphase anzusehen geneigt ist – sogar einen ›vierten‹ Wittgenstein erkennen (Moyal-Sharrock 2004).

Diese Sichtweise ist jedoch umstritten, wie man überhaupt am Sinn des gegenwärtig unter Philosophen so beliebten Partyspiels ›Counting Wittgensteins‹ – »The operative question is ›How many Wittgensteins are there?‹ – and the winner is the one who can find the most« (Hacker 2012) – zweifeln kann.

1949 wird bei Wittgenstein eine Krebserkrankung diagnostiziert, der er am 29. April 1951 in Cambridge erliegt. Sein Grab befindet sich auf dem Friedhof von St. Giles in Cambridge.

Die Welt richtig sehen: Das Frühwerk bis 1929

»Motto: ... *und alles was man weiß, nicht bloß rauschen und brausen gehört hat, lässt sich in drei Worten sagen. Kürnberger«*

(LPA)

Ausgangspunkte

Unter den bedeutenden Werken der europäischen Philosophiegeschichte ist Wittgensteins *Logisch-philosophische Abhandlung*, in der sich seine Frühphilosophie kondensiert, zweifellos schon rein äußerlich betrachtet eines der seltsamsten. Seine Kürze, der an Aphoristik erinnernde, geschliffene Sprachstil, nicht zuletzt das ungewöhnliche Nummerierungssystem lassen deutlich werden, dass man es hier mit einem höchst eigenwilligen Werk zu tun hat, für das es – wenn überhaupt – in der europäischen Philosophiegeschichte kaum Vorbilder gibt. Es besteht aus sieben Hauptsätzen von Satz »1 Die Welt ist alles, was der Fall ist«, bis zum berühmten und oft zitierten Satz »7 Wovon man nicht sprechen kann, darüber muss man schweigen.« Diese sieben Hauptsätze werden von einzelnen Sätzen bzw. gelegentlich von

© Springer-Verlag GmbH Deutschland, ein Teil von Springer Nature 2019
S. Majetschak, *Wittgenstein und die Folgen*, https://doi.org/10.1007/978-3-476-04935-3_2

mehreren Sätzen in einem kurzen Abschnitt kommentiert, wobei deren Nummerierung, z. B. in der Abfolge 2, 2.01, 2.011, 2.012, 2.0121 etc., »das logische Gewicht der Sätze« andeuten soll, d. h. »den Nachdruck, der auf ihnen in« Wittgensteins »Darstellung liegt« (LPA Anm. zu Satz 1). Man kann sich allerdings fragen, wie dieses Nummerierungssystem en detail zu verstehen ist und ob es von Wittgenstein tatsächlich konsistent angewendet wird. Denn dass beispielsweise einem Satz, in dem sich nach Wittgensteins eigenem Bekunden sein »Grundgedanke« ausdrückt, mittels der Nummer 4.0312 nur relativ geringer Nachdruck zuzukommen soll, mutet seltsam an.

Auch hinsichtlich der behandelten philosophischen Themen und Probleme erweist sich die *Abhandlung* als ein ungewöhnliches Werk. »Das Buch behandelt die philosophischen Probleme und zeigt [...], dass die Fragestellung dieser Probleme auf dem Missverständnis der Logik unserer Sprache beruht« (LPA Vorwort). Ferner wird das Wesen der Logik erkundet und eine Sprachphilosophie entfaltet, die eine Bildtheorie des Satzes zum Zentrum hat. In den Kommentaren zu den Sätzen 5 und 6 werden zudem die Frage, »inwieweit der Solipsismus eine Wahrheit ist« (LPA 5.62), erörtert, wissenschaftstheoretische Probleme angeschnitten, die Einheit von »Ethik und Ästhetik« (LPA 6.421) verkündet und schließlich dekretiert, dass es durchaus »Unaussprechliches« gebe: »Dies *zeigt* sich, es ist das Mystische« (LPA 6.522). Und dies alles wird auf wenigen Seiten auf eine Weise zum Ausdruck gebracht, die die Überzeugung des Verfassers erkennen lässt, dass »die *Wahrheit* der hier mitgeteilten Gedanken unantastbar und definitiv« sei (LPA Vorwort).

Zu der Gedankenwelt dieses erstaunlichen Werkes einen Zugang zu finden, ist gewiss nicht leicht. Am einfachsten geschieht dies vielleicht, wenn man von einigen logiktheoretischen und sprachphilosophischen Anregungen ausgeht, die der junge Wittgenstein von Russell und Frege übernahm, die sich auf seinem Boden freilich, wie erwähnt, anders entwickelten als auf irgendeinem anderen. Nicht zuletzt von dem von ihm stets hoch geschätzten Jenaer Logiker Gottlob Frege hatte der junge Wittgenstein gelernt, dass natürliche Sprachen, wie sie im Alltag gesprochen werden, für Philosophie und Logik eine Fehlerquelle darstellten, erwiesen sie sich doch »als mangelhaft, wenn es sich darum handelt, das Denken vor Fehlern zu bewahren« (Frege 1964, 108). Denn natürliche Sprachen würden »nicht in der Weise durch logische Gesetze beherrscht, dass die Befolgung der Grammatik schon die formale Richtigkeit der Gedankenbewegung verbürgte« (ebd.). Ein Satz wie ›Die Gerechtigkeit ist grüner als der Mond‹ ist zwar normalsprachengrammatisch korrekt formuliert, drückt aber darum noch keinen wahren (oder falschen) Gedanken aus, sondern ist schlichter Unsinn. Darüber hinaus drücken alltagssprachliche Sätze in ihrer grammatischen Form Sachverhalte oder Gedanken gewöhnlich auch nicht so aus, dass man deren logischen Aufbau unmittelbar an der Satzform ablesen kann. Sie zwingen die Sachverhalte oder Gedanken, die sie ausdrücken sollen, vielmehr in ein bestimmtes Schema, etwa das normalsprachengrammatische ›Subjekt-Prädikat‹-Schema des Satzes, und zeigen uns die logischen Beziehungen zwischen den Dingen oder Gedanken insofern anders, als sie tatsächlich sind. In einem Satz wie ›a ist größer als b‹ ist das ›a‹ ja tatsächlich gar nicht größer als das ›b‹, und insofern zeigt uns der Satz trotz seiner normalsprachengrammatisch korrekten Formulierung nicht adäquat, wie sich die Dinge verhalten. Auf solche – und in der Regel natürlich auf noch viel komplexere – Weise führen umgangssprachlich formulierte Sätze das Denken dann potentiell in die Irre, was insbesondere in der Philosophie dazu führen kann, dass wir, weil wir die Sprachlogik missverstehen, die in Frage stehenden Zusammenhänge missdeuten.

Frege betrachtete es deshalb als »eine Aufgabe der Philosophie [...] die Herrschaft des Wortes über den menschlichen Geist zu brechen, indem sie die Täuschungen aufdeckt, die durch den

Sprachgebrauch über die Beziehungen der Begriffe oft fast unvermeidlich entstehen« (Frege 1964, XII). In der *Abhandlung* folgte Wittgenstein ihm darin, wenn er betonte, dass alle »Philosophie [...] Sprachkritik« sei (LPA 4.0031). Zudem wollte Frege unter dem Namen einer ›Begriffsschrift‹ eine logisch adäquate, Philosophen sagen gerne: ›ideale‹ Sprache ausarbeiten, in der »der Aufbau des Satzes als Bild [...] des Aufbaus des Gedankens« zu betrachten sei (Frege 1986, 72). Auch mit diesem Projekt, das man aus philosophiehistorischer Perspektive meist als ›ideal language philosophy‹ (Philosophie der idealen Sprache) bezeichnet und das nicht nur Frege, sondern unabhängig von ihm auch Russell verfolgte, sympathisierte der junge Wittgenstein, wenn er auch der Meinung war, dass die »Begriffsschrift Frege's und Russell's« noch nicht perfekt sei, da sie »noch nicht alle Fehler ausschließt« (LPA 3.325). Vor allem aber leistete er in der *Abhandlung* etwas, was Frege schuldig blieb: Er entwickelte eine philosophische Theorie, die einsichtig machen will, was es überhaupt heißen kann, dass der Aufbau eines Satzes einer beliebigen (natürlichen oder idealen) Sprache als ein Bild dessen betrachtet werden kann, was er darstellt: eines Gedankens oder eines in der Welt bestehenden Sachverhalts.

Die Bildtheorie des Satzes ist zweifellos das Herzstück der *Logisch-philosophischen Abhandlung*. Gewiss jedoch ist das, was Wittgenstein in seiner Frühphilosophie philosophisch anstrebte, mit ihr nicht erschöpft. Wittgensteins Frühphilosophie hat nämlich, worauf vielleicht zuerst Allan Janik und Stephen Toulmin (Janik/Toulmin 1984) hinwiesen, auch noch eine ethische Dimension, die Wittgenstein in einem Brief an Ludwig von Ficker anspricht, dem er den Sinn seines Buches einsichtig zu machen versuchte. Der »Sinn des Buches«, schrieb er, sei »ein Ethischer. Ich wollte einmal in das Vorwort einen Satz geben, der nun tatsächlich nicht darin steht, den ich Ihnen aber jetzt schreibe, weil er Ihnen vielleicht ein Schlüssel sein wird: Ich wollte nämlich schreiben, mein Werk bestehe aus zwei Teilen:

aus dem, der hier vorliegt, und aus alledem, was ich *nicht* geschrieben habe. Und gerade dieser zweite Teil ist der Wichtige. Es wird nämlich das Ethische durch mein Buch gleichsam von Innen begrenzt« (BW 96). Denn über das Ethische, über das, was im Leben eines Menschen das eigentlich Wichtige ist, nämlich eine Antwort auf die Frage, wie das Leben als ein glückliches gelingen kann, lässt sich, wie noch deutlich werden soll, vor dem Hintergrund der Sprachphilosophie der *Abhandlung* gar nichts Sinnvolles sagen. Und darum glaubte Wittgenstein, dem Ethischen eine Grenze gezogen zu haben, indem er – statt fortzusetzen, »was *viele* heute *schwefeln*« (BW 97) – darüber schwieg.

Die Frage, wie »muss ich also leben, um in jedem Augenblick zu bestehen? Im Guten und Schönen zu leben, bis das Leben von selbst aufhört« (GT 28, 7.10.14), hat ihn durchaus selbst bedrängt, wie nicht zuletzt seine Tagebücher aus dem Ersten Weltkrieg zeigen. Im Laufe der Ausarbeitung seiner Frühphilosophie verstand er aber mehr und mehr, dass und weshalb man auf diese ethische Grundfrage gar keine Antwort geben kann. Und deshalb komme es darauf an, zu einer Perspektive zu gelangen, die »die Welt richtig« (LPA 6.54) sieht und dadurch die Probleme des Lebens zum Verschwinden bringt. Denn »die Lösung des Problems des Lebens merkt man am Verschwinden dieses Problems« (LPA 6.521), wie es am Schluss der *Abhandlung* heißt. Zu einer solchen Sicht können die Philosophie und die Kunst verhelfen, wie Wittgenstein noch 1930 meinte. Mit der Erosion der Grundannahmen des Frühwerkes zu Beginn der dreißiger Jahre geriet aber auch diese Auffassung ins Wanken.

Tatsachen, Bilder und Sätze

Dass auch die Philosophie, die Wittgenstein in der *Logisch-Philosophischen Abhandlung* entwickelt, primär darauf abzielt, dem Leser eine richtige, von philosophischem oder ethischem Problemdruck entlastende Sicht der Welt zu ermöglichen, wird freilich erst an ihrem Ende klar. An ihrem Anfang stellt sie sich zunächst als eine Theorie der Sprache, genauer: eine Theorie des Satzes dar, denn die »Gesamtheit der Sätze ist die Sprache« (LPA 4.001). Mittels dieser Theorie möchte Wittgensteins Buch dem Ausdruck der Gedanken durch die Sprache eine Grenze ziehen und das Sagbare vom Unsagbaren abgrenzen. Denn er ist davon überzeugt: »Was sich überhaupt sagen lässt, lässt sich klar sagen; und wovon man nicht reden kann, darüber muss man schweigen« (LPA Vorwort). Nur wenn man dies verstanden hat, und insbesondere, wenn man verstanden hat, weshalb dies so ist, hat man die richtige Sicht der Welt erreicht.

Was also lässt sich mit den Sätzen einer Sprache sagen und was nicht? Nach der Überzeugung des jungen Wittgenstein sind Sätze die Grundeinheiten einer Sprache und werden in der Regel dazu verwendet, um Tatsachen der Welt zu beschreiben und um Gedanken über mögliche oder wirkliche Sachverhalte in der Welt auszudrücken und mitzuteilen. Wenn er dieser Überzeugung über den Zweck und das Wesen der Sprache in der *Abhandlung* mit unterschiedlichen Formulierungen Ausdruck verleiht, ist zu beachten, dass er die alltagssprachlich geläufigen Wörter ›Tatsache‹ und ›Sachverhalt‹ terminologisch gebraucht; zwar nicht völlig anders als im gewöhnlichen Gebrauch, aber doch in einem etwas engeren Sinne. Ein »Sachverhalt ist«, nach Wittgenstein, »eine Verbindung von Gegenständen. (Sachen, Dingen.)« (LPA 2.01). Gleich, ob er wirklich ist oder nur als möglich gedacht wird, stets zeichnet er sich dadurch aus, dass sich die Sachen in ihm in bestimmter Weise zueinander verhalten. Die bestimmte »Art und Weise, wie die Gegenstände im Sachverhalt zusammenhängen,« nennt Wittgenstein »die Struktur des Sachverhaltes« (LPA 2.032). Es ist klar, dass ein und dieselben Dinge ›A‹ und ›B‹ in bestehenden oder denkbaren Sachverhalten ganz verschiedene Strukturen bilden können. ›A‹ kann vor oder hinter, über oder unter ›B‹ angeordnet sein oder Ähnliches. Welche Strukturen jeweils möglich sind, hängt nach Wittgenstein, der – auch dies ist eine wichtige terminologische Festlegung der *Abhandlung*! – »Form« stets als »die Möglichkeit der Struktur« versteht (LPA 2.033), von der Form der Gegenstände selbst ab. Denn wenn »die Dinge in Sachverhalten vorkommen können, so muss dies schon in ihnen liegen« (LPA 2.0121). Wenn man Dinge kennt, weiß man, welche Konfigurationen sie mit anderen eingehen können, d. h. man ist dann mit dem in ihnen angelegten Strukturierungspotential vertraut, das Wittgenstein als ihre ›Form‹ bezeichnet.

Nun ist klar, dass nicht jeder logisch mögliche Sachverhalt in der Welt auch verwirklicht ist. Bestehende Sachverhalte heißen in der Sprache der *Abhandlung* ›Tatsachen‹. Sie sind in Wittgensteins früher Ausdrucksweise als solche die ontologischen Grundeinheiten der Welt, denn sie sind das, was in der Welt der Fall ist. »Die Welt ist alles, was der Fall« ist, dekretiert der berühmte erste Satz der *Abhandlung*; sie »ist die Gesamtheit der Tatsachen, nicht der Dinge« (LPA 1.1). Denn isolierte Dinge gibt es in der Welt nicht. Vielmehr steht jedes Ding mit anderen stets in der Verbindung eines Sachverhalts. Die sprachphilosophische Frage, die sich dem jungen Wittgenstein stellte, lautete nun, wie es Sätze einer Sprache als phonetische Folgen von Wörtern oder als schriftliche Zeichenkonstellationen auf dem Papier eigentlich fertigbringen, mögliche oder tatsächlich bestehende Sachverhalte der Welt darzustellen. Diese Frage betrachtete Wittgenstein zu Beginn seiner Arbeit an der *Abhandlung* – ob zu Recht oder Unrecht mag hier dahingestellt bleiben – als in der philosophischen Tradition ungelöst, wie man an einem Tagebucheintrag Ende Oktober 1914 erkennen kann, in dem er nicht ohne Stolz notiert: »Die Schwierigkeit vor meiner Theorie der logischen Abbildung war die, einen Zusammenhang zwischen den Zeichen auf Papier und einem Sachverhalt draußen in der Welt zu finden« (TB 27.10.14). In der *Abhandlung* glaubte er sie dadurch gelöst zu haben, dass er Sätze als Bilder von Sachverhalten ›draußen in der Welt‹ erklärte.

Wenn Sätze als Bilder betrachtet werden sollen, stellt sich natürlich die Frage, was ein Bild ist. Wittgensteins Antwort darauf lautet, es sei »ein Modell der Wirklichkeit« (LPA 2.12), welches zeigt, wie sich die Sachen in der Welt zueinander verhalten. Dafür, dass etwas als ein Bild gelten kann, arbeitet er in der *Abhandlung* drei grundlegende Bedingungen heraus. Die erste Bedingung besteht darin, dass Elemente des Bildes als Vertreter der Gegenstände in den dargestellten Sachverhalten betrachtet werden. Gleichgültig, welche Darstellungselemente jeweils verwendet werden, stets bildet ein Bild einen möglichen oder tatsächlichen Sachverhalt in der Welt dann ab, wenn die interne Konfiguration der Bildelemente mit der Konfiguration der Gegenstände im Sachverhalt der bildlichen Bezugnahme strukturidentisch ist. »Dass sich die Elemente des Bildes in bestimmter Art und Weise zu einander verhalten, stellt« dann »vor, dass sich die Sachen so zu einander verhalten« (LPA 2.15). Es zeigt durch diese Anordnung der Bildelemente, wie der Sachverhalt – oder wie Wittgenstein in einigen Fällen auch sagt: die ›Sachlage‹ – der Bezugnahme intern strukturiert ist. Da sich die Konfiguration der Gegenstände in einem Sachverhalt freilich nicht notwendigerweise so darzustellen braucht, wie das Bild sie zeigt, kann es stimmen oder nicht stimmen, d. h. die Welt der Tatsachen angemessen abbilden oder nicht. Ob dies jeweils der Fall ist oder nicht, lässt sich allein anhand eines Bildes freilich nicht entscheiden. Denn ein »a priori wahres Bild gibt es nicht« (LPA 2.225), und so muss man es, um »zu erkennen, ob das Bild wahr oder falsch ist, […] mit der Wirklichkeit vergleichen« (LPA 2.223).

Oftmals ist allerdings gar nicht klar, wie ein solcher Vergleich eines Bildes mit der Wirklichkeit geschehen soll. Häufig existieren verschiedene Möglichkeiten, die Elemente eines Bildes auf die Wirklichkeit zu beziehen. In einem Bild können dessen Elemente den Gegenständen im Sachverhalt ja gänzlich unähnlich sein. Das zeigt ein Beispiel, das nach Bekunden von

Georg Henrik von Wright (1986, 29) Wittgensteins Nachdenken über Bilder im Jahre 1914 auf den Weg gebracht hat: Wenn z. B. in einem »Pariser Gerichtssaal ein Automobilunglück mit Puppen etc. dargestellt wird« (TB 29.10.14), dann muss man ja überhaupt erst wissen, welche Puppe für welche beteiligte Person, welcher Klotz für welchen Wagen steht etc., bevor man die Korrektheit oder Inkorrektheit der modellhaften Darstellung beurteilen kann. Es muss also – und dies ist die zweite Bedingung dafür, dass etwas als Bild gelten kann – die im Bild verwendete »Methode der Darstellung« (TB 30.10.14), oder wie Wittgenstein es etwas später in der *Abhandlung* auch nennt: die Abbildungs- oder »Projektionsmethode« (LPA 3.11) festgelegt sein, damit man die Elemente eines Bildes überhaupt sinnvoll mit dem jeweiligen Bestandteilen eines Sachverhalts der Bezugnahme in Verbindung setzen kann.

Neben der Vertretung von Sachverhaltselementen durch Bildelemente und der Festlegung einer Darstellungs- oder Projektionsmethode gibt es nach Wittgenstein aber noch eine dritte Bedingung für bildliche Darstellung. Die im jeweiligen Bild verwendete »Form der Abbildung« muss für eine Darstellung der Welt durch das Bild geeignet sein, »um sie auf seine Art und Weise – richtig oder falsch – abbilden zu können« (LPA 2.17). Die ›Form der Abbildung‹ – oder wie Wittgenstein sie auch nennt: die »Form der Darstellung« (LPA 2.173) – ist das, was in einem Bild festlegt, welche Strukturen in ihm möglich sind, d. h. welche Elemente des dargestellten Sachverhalts im Bild in welcher Weise markiert werden können. »Das räumliche Bild« kann z. B. »alles Räumliche, das farbige alles Farbige, etc.« (LPA 2.171) darstellen. Räumlichkeit und Farbigkeit als Formen der Abbildung bestimmen in den sie verwendenden Bildern entsprechend die Möglichkeiten der strukturellen Anordnung der Elemente des Bildes. Die mit verschiedenen Formen der Abbildung verbundenen Darstellungspotentiale können natürlich sehr unterschiedlich sein. Laute einer phonetischen Sprache, die die sequentielle Ordnung der Zeit als Form der Abbildung verwenden, können z. B. räumliche Verhältnisse nicht in derselben Weise ausdrücken wie etwa ein graphisches Darstellungssystem, das zumindest zwei Dimensionen des Raumes zu ihrer Darstellung nutzen kann. Am besten freilich gelingt die Abbildung räumlicher Verhältnisse, wenn die Form der Abbildung im verwendeten Darstellungssystem selbst räumlich ist. Und genau deshalb vermag ja auch in einem Pariser Gerichtssaal ein Automobilunglück mit Puppen etc. dargestellt zu werden, weil das Modell die in Bild und Abgebildetem gemeinsame Räumlichkeit zur strukturidentischen Markierung der relevanten Konfigurationen des dargestellten Sachverhalts nutzen kann. Obgleich besondere Formen der Abbildung also unterschiedliche Arten der Konfiguration von Elementen ermöglichen und insofern in ihren Darstellungspotentialen voneinander abweichen, gibt es nach Wittgenstein freilich eine Minimalbedingung, die jedes Bild erfüllen muss und die herausgearbeitet zu haben er für seine entscheidende bildtheoretische Einsicht hielt: »Was jedes Bild, welcher Form immer, mit der Wirklichkeit gemein haben muss, um sie überhaupt – richtig oder falsch – abbilden zu können, ist die logische Form, das ist, die Form der Wirklichkeit« (LPA 2.18).

In den von der Logik thematisierten logischen Strukturen spiegelt sich nach Wittgenstein die Form der Wirklichkeit, denn die Logik zeigt in ihren symbolischen Notationen, welche Strukturen prinzipiell zwischen beliebigen Gegenständen in Sachverhalten möglich und unmöglich sind, und insofern handelt sie, wie er in einer rückblickenden Selbstinterpretation später einmal schreibt, von der »Ordnung der *Möglichkeiten*, die Welt und Denken gemeinsam sein muss« (PU 97), damit eine Darstellung von Sachverhalten durch Bilder mit unterschiedlichen Abbildungsformen gelingen kann. Denn ein Bild muss mindestens in der Lage sein, die logische Ordnung der dargestellten Wirklichkeit strukturidentisch in sich auszudrücken.

Natürlich ist weder die logische Formidentität, noch die Strukturidentität von Bild und Abgebildetem (im Falle wahrer Abbildung) immer offenkundig, denn die Bildelemente und die Gegenstände im Sachverhalt der Bezugnahme können äußerst unähnlich sein, wie in dem Falle, in dem eine räumliche Anordnung von Gegenständen, z. B. der Sachverhalt eines Automobilunglücks, unter Verwendung einer nicht-räumlichen Form der Abbildung, z. B. mittels Darstellungssystemen von Farben oder Klängen, dargestellt wird. Wenn sie jedoch mittels einer solchen Form der Abbildung gelingt, so beruht dies nach Wittgenstein auf der von ihm beschriebenen »Logik der Abbildung« (LPA 4.015). Wie er anhand eines etwas anderen, aber durchaus vergleichbaren Beispiels deutlich macht: »Die Grammophonplatte, der musikalische Gedanke, die Notenschrift, die Schallwellen stehen«, wenn sie sich auf dieselbe Musik beziehen, trotz aller Unterschiede in den Darstellungspotentialen der von ihnen verwendeten Abbildungsformen »alle in jener abbildenden internen Beziehung zu einander, die« auch »zwischen Sprache und Welt« (LPA 4.014) bestehen muss, wenn Zeichenkonfigurationen beliebiger Darstellungssysteme (natürliche Sprachen, graphische Begriffsschriften oder sonstige Codes) Sachverhalte ›draußen in der Welt‹ darstellen sollen. »Ihnen allen ist der logische Bau gemeinsam« (ebd.).

Auch die Sätze unserer Sprache interpretiert Wittgenstein im Sinne der dargelegten Logik bildlicher Darstellung, wenn er einen Satz als »ein Modell der Wirklichkeit« bezeichnet, »so wie wir sie uns denken« (LPA 4.01). Er ist selbst »eine Tatsache« der Welt, nämlich ein in sich strukturiertes »Satzzeichen«, welches darin besteht, »dass sich seine Elemente, die Wörter, in ihm auf bestimmte Art und Weise zu einander verhalten« (LPA 3.14). Damit er »uns eine Sachlage« mitteilen kann, »muss er *wesentlich* mit der Sachlage zusammenhängen. Und der Zusammenhang ist eben, dass er ihr logisches Bild ist« (LPA 4.03).

Die Logik ermöglicht es so, dass wir uns mit unterschiedlichen Arten von sprachlichen und nicht-sprachlichen Bildern auf etwas beziehen, und doch kann man nach Wittgenstein in bestimmtem Sinne über die logische Form nicht in sinnvollen Sätzen sprechen. Das heißt, man kann nicht sagen, welche Strukturierungsmöglichkeiten es in der Welt gibt. Wie Wittgenstein schreibt: »Der Satz kann die gesamte Wirklichkeit darstellen, aber er kann nicht das darstellen, was er mit der Wirklichkeit gemein haben muss, um sie darstellen zu können – die logische Form« (LPA 4.12). Denn ein Satz, der bestimmte Strukturierungsmöglichkeiten beschreiben wollte, müsste die möglichen Strukturen ja selbst in seiner internen Zeichenordnung wiederholen, d. h. ihr logisches Bild sein. Er kann die logische Form deshalb nur *zeigen*, »spiegelt« (LPA 4.121) sie sich doch in ihm. So macht er die logische Form durch seine interne Zeichenordnung sichtbar, oder besser gesagt: »Er weist sie auf« (ebd.).

Auf solche Weise kann ein Satz, der die logische Form mit der Wirklichkeit gemein hat, dann durch das faktische *Wie* der Anordnung seiner Elemente zeigen, was in der Welt der Fall ist, wenn er wahr ist. Als Beispiel dafür wählt Wittgenstein in der *Abhandlung* keinen alltagssprachlich formulierten Satz wie ›Andreas ist größer als Bernd‹, sondern das Satzzeichen ›aRb‹, das nichts weiter besagen soll als ›a steht in Relation zu b‹. Wenn es ein Bild dessen ist, worauf es sich bezieht, muss man der Bildtheorie des Satzes zufolge also sagen, es sei in ihm die Tatsache, dass das Zeichen ›a‹ in einer bestimmten Beziehung zum Zeichen ›b‹ steht, für den zum Ausdruck gebrachten Satzsinn entscheidend. »Dass ›a‹ in einer gewissen Beziehung zu ›b‹ steht, sagt« hier insofern aus, »*dass* aRb« in der Welt der Fall sei (LPA 3.1432). Als Behauptung über die Welt lässt sich dies nämlich an der internen Anordnung der Einzelzeichen im Ganzen des Satzzeichens ablesen. Und deshalb kann man generell über bildtheoretisch aufgefasste Sätze sagen: »Der Satz *zeigt*, wie es sich verhält, *wenn* er wahr ist. Und er *sagt*, *dass* es sich so verhält« (LPA 4.022).

Nun lässt sich all das, was Wittgenstein über die bildliche Natur eines Satzzeichens ausführt, am Beispiel eines Satzzeichens wie ›aRb‹ zweifellos nachvollziehen. Lässt sich Wittgensteins Bildtheorie des Satzes aber wirklich auch auf alltagssprachlich formulierte Sätze wie ›Peter liebt Maria‹ oder ›Andreas ist größer als Bernd‹ anwenden? Denn der Sinn des Satzes scheint in diesen Fällen doch in keiner Weise davon abzuhängen, dass im Satzzeichen etwas Bestimmtes der Fall ist, etwa, dass der Name ›Peter‹ links und der Name ›Maria‹ rechts vom Verbum ›lieben‹ stehen oder dass der Name ›Andreas‹ in einer bestimmten Relation zum Namen ›Bernd‹ steht. Wird Wittgensteins Bildtheorie des Satzes also nicht gerade durch natürlichsprachliche Sätze in Frage gestellt, insofern diese doch offenkundig *nicht* bildlich sind?

Dass ein alltagssprachlicher »Satz – wie er etwa auf dem Papier gedruckt steht –« auf den ersten Blick »kein Bild der Wirklichkeit zu sein« scheint, »von der er handelt« (LPA 4.011), wusste natürlich auch Wittgenstein. Denn die Umgangssprache »verkleidet« seiner Ansicht nach den im Satz niedergelegten »Gedanken. Und zwar so, dass man nach der äußeren Form des Kleides nicht auf die Form des bekleideten Gedankens schließen kann« (LPA 4.002). In ihr werden Satzbildungsnormen, z. B. die Subjekt-Prädikat-Form natürlichsprachlicher Sätze, angewendet, die für viele logische Formen der Wirklichkeit gleichermaßen verwendet werden. Die grammatische Form der Alltagssprache verdeckt und verunklärt damit sozusagen die Struktur der Gedanken oder der Sachverhalte, auf die sie Bezug nimmt, weil sie sie nicht in der Struktur des natürlichsprachlichen Satzzeichens erkennbar markiert. »Und aus ebendiesem Grund können wir aus dem Gebrauch dieser Normen keine – oder höchstens vage – Schlüsse ziehen im Hinblick auf die wirkliche logische Form der beschriebenen Phänomene« (BLF 22), wie Wittgenstein noch 1930 in den *Bemerkungen über logische Form* betont. Deshalb bedürfen alltagssprachliche Sätze nach

Wittgensteins damaliger Ansicht der logischen Analyse, die ihre bildliche Struktur hinter den natürlichsprachlichen Darstellungsnormen freilegt, oder aber gegebenenfalls zeigt, dass Sätze, die vordergründig sinnvoll klingen, tatsächlich unsinnig sind, weil sie sich bildlich auf nichts beziehen. Aus diesem Gedanken entsteht bei Wittgenstein das Programm einer logischen Analyse der Sprache, das zu Beginn des 20. Jahrhunderts viele Anhänger gefunden hat – nicht zuletzt bei den Mitgliedern des Wiener Kreises.

Philosophie, Ethik und Kunst

Tatsächlich ist für den jungen Wittgenstein Philosophie nichts anderes als logische Analyse – wobei ›logische Analyse‹ heißt: Wenn ein Satz Sinn hat, d. h. wenn er eine mögliche Sachlage ausdrückt, so dachte Wittgenstein, dann wird es »eine und nur eine vollständige Analyse des Satzes« (LPA 3.25) geben, die den verdeckt bildhaften alltagssprachlichen Satz auf ein Satzzeichen mit einer internen Struktur zurückführt, die einen Sachverhalt direkt abbildet. Einen in diesem Sinne vollständig analysierten Satz bezeichnete er als »Elementarsatz« und beschrieb ihn als einen »Zusammenhang, eine Verkettung, von Namen« (LPA 4.22), die zu einer Verkettung von Gegenständen in einem Sachverhalt in einer direkt bildlichen Beziehung steht. Dabei nahm er an, dass in einem Elementarsatz alle Zeichen für logische Operatoren wie Negation, Konjunktion oder Komparation (›größer als‹, ›kleiner oder gleich‹, etc.) eliminiert sein würden. Denn zwar beruhe »die Möglichkeit des Satzes [...] auf dem Prinzip der Vertretung von Gegenständen durch Zeichen«, doch sein »Grundgedanke« sei, »dass die ›logischen Konstanten‹ nicht vertreten. Dass sich die Logik der Tatsachen« in Sätzen »nicht vertreten lässt« (LPA 4.0312), weil logische Strukturen nicht so wie Gegenstände existieren, sondern ausschließlich

durch die Art und Weise ihrer Verkettung im Sachverhalt gebildet werden. Deshalb müssen im vollständig analysierten Elementarsatz alle Operationszeichen getilgt sein und logische
Verhältnisse allein durch die Anordnung der Namen gezeigt
werden. Der alltagssprachliche Satz ›a ist größer als b‹ wäre in
einer vollständigen Analyse entsprechend nicht als ›a > b‹ zu
schreiben, sondern als ›A b‹. Zur Zeit der Fertigstellung der
Abhandlung im Jahre 1918 dachte Wittgenstein, dass es die Philosophie sei, der solche analytische Klärungsarbeit zufalle. Ihr
»Zweck« sei »die logische Klärung der Gedanken« (LPA 4.112).
Sie sei also »keine Lehre, sondern eine Tätigkeit«; ihr »Resultat«
seien »nicht ›philosophische Sätze‹, sondern das Klarwerden
von Sätzen« (ebd.). Welche Faszination dieses Klärungspro-
gramm auf viele von Wittgensteins Zeitgenossen ausübte und
auch heute noch ausübt, versteht man wohl, wenn man sich klar
macht, dass sich eine radikal antimetaphysische Stoßrichtung
damit verbindet; eine Stoßrichtung, die mehr als 2000 Jahre
europäische Philosophie zu überwinden, ja zu verabschieden
versprach. ›Metaphysik‹ beschäftigt sich seit der griechischen
Antike in der philosophischen Tradition Europas gewöhnlich
mit den höchsten Prinzipien und letzten Gründen all dessen,
was es in der Welt gibt. Metaphysische Theorien sprechen insofern nicht von besonderen Tatsachen in der Welt, sondern
von der Welt im Ganzen und als solcher. In Bezug auf solche
Theorien würde die logische Klärungsarbeit der Philosophie,
wie Wittgenstein meinte, erweisen, dass die »meisten Sätze und
Fragen, welche über philosophische Dinge geschrieben worden
sind, [...] nicht falsch, sondern unsinnig« sind (LPA 4.003). Logische Analyse würde nämlich ergeben, dass die meisten Sätze
der philosophischen Tradition bloß auf der Ebene ihrer korrekten normalsprachengrammatischen Formulierung als sinnvoll
erscheinen, tatsächlich aber gar keine sinnvollen Bilder von
möglichen oder wirklichen Sachverhalten der Welt, also mithin
gehaltlos sind. Man könne daher Fragen im Sinne der philo-

sophischen Tradition, ob ein Gott existiere und beweisbar sei, was das Gute, Schöne, das Gerechte oder das Vernünftige als solches sei und ähnliche andere, »überhaupt nicht beantworten, sondern nur ihre Unsinnigkeit feststellen« (ebd.). So würde sich letzten Endes ergeben, »dass die tiefsten Probleme« der Menschheit »eigentlich *keine* Probleme sind« (ebd.).

Von diesem Verdikt sind in der Sicht des jungen Wittgenstein auch diejenigen Fragen und Probleme betroffen, die traditionell in der Ethik behandelt werden. Denn sofern die Ethik – wie er ihre Fragestellungen im *Vortrag über Ethik* von 1929 erläuterte – sagen will, was an sich »gut ist« und »Wert hat, bzw. [...] was wirklich wichtig ist«, »was das Leben lebenswert macht« und »welches die rechte Art zu leben ist« (VE 10 f.), wird ihr von philosophischer Klärungsarbeit nachgewiesen, dass sie etwas zu formulieren versucht, das an sich unaussprechlich ist. Wenn in der Ethik vom Guten die Rede ist, wird das Wort ›gut‹ nach Wittgenstein ja nicht in einem alltäglich-relativen, sondern in einem absoluten Sinne gebraucht. Der alltäglich-relative Gebrauch des Wortes ist unproblematisch. »Jedes relative Werturteil ist bloß eine Aussage über Faktisches und kann daher so ausgedrückt werden, dass es auch der Form nach nicht mehr wie ein Werturteil wirkt. [...] ›Dieser Mann ist ein guter Läufer‹ bedeutet schlicht und einfach, dass er soundso viele Meilen in soundso viel Minuten zurücklegt, usw.« (VE 12). Was in der Ethik dagegen mit ›gut‹ im absoluten Sinne gemeint ist, lässt sich nicht auf Aussagen über bestimmte Tatsachen in der Welt zurückführen, denn »keine Faktenaussage kann je ein absolutes Werturteil abgeben oder implizieren« (ebd.). Hier wird vielmehr in einem sachverhaltsübergreifenden Sinne ein Wert als allgemein gültig behauptet, wenn etwa gesagt wird, Hilfsbereitschaft, Nächstenliebe – oder was immer man als Beispiel anführen mag – sei ›an sich gut‹ oder ›wertvoll‹. Wenn die Sinnhaftigkeit von Sätzen darin besteht, dass ein Satz als ein – wahres oder falsches – Bild einer Konfiguration von Gegenständen in Sachverhalten aufgefasst werden kann, müssen solche absoluten Werturteile als unsinnig gelten. Das in ethischen Aussagen gemeinte ›an sich‹ oder ›absolut‹ Gute ist ja selbst kein Gegenstand oder Sachverhalt in der Welt. »Darum kann es keine Sätze der Ethik geben. Sätze können nichts Höheres ausdrücken« (LPA 6.42). Und deshalb sei »klar, dass sich die Ethik nicht aussprechen lässt« (LPA 6.421).

Wenn dies richtig ist, erscheinen die vielfältigen Aussagen und Thesen, die man zu ethischen und anderen traditionellen philosophischen Fragestellungen in der Geschichte europäischen Philosophie findet, als gescheiterte Versuche, gegen die Grenzen des Sagbaren anzurennen und zu artikulieren, was eigentlich unsagbar ist. Demgegenüber wäre »die richtige Methode der Philosophie«, wie sie sich aus dem sprachkritischen Projekt der *Abhandlung* ergibt, »eigentlich die: Nichts zu sagen, als was sich sagen lässt, also Sätze der Naturwissenschaft – also etwas, was mit Philosophie nichts zu tun hat –, und dann immer, wenn ein anderer etwas Metaphysisches sagen wollte, ihm nachzuweisen, dass er gewissen Zeichen in seinen Sätzen keine Bedeutung gegeben hat. Diese Methode wäre für den anderen unbefriedigend – er hätte nicht das Gefühl, dass wir ihn Philosophie lehrten – aber *sie* wäre die einzig streng richtige« (LPA 6.53). Wittgenstein selbst verwendet sie in der *Abhandlung* nicht, wie bereits seine konjunktivische Formulierung an der zitierten Stelle zeigt. Denn die Lebensprobleme und existentiellen Befindlichkeiten, zu denen die tradierte europäische Philosophie etwas sagen wollte, bleiben im Leben der Menschen, auch in Wittgensteins eigenem, wirksam. Und darum hat er für philosophische Versuche, das Unaussprechliche zu artikulieren, durchaus Verständnis. »Wir fühlen, dass selbst, wenn alle *möglichen* wissenschaftlichen Fragen beantwortet sind, unsere Lebensprobleme noch gar nicht berührt sind« (LPA 6.52). Selbst wenn die *Abhandlung*, wie Wittgenstein im Vorwort beansprucht, die »Probleme« der Philosophie durch ihre sprachkritische Eliminierung »im Wesentlichen endgültig gelöst« hätte, so würde deren Wert, wie er meinte, doch gerade darin bestehen, »dass sie zeigt, wie wenig damit getan ist, dass diese Probleme gelöst sind« (LPA Vorwort).

Denn es »gibt allerdings Unaussprechliches. Dies *zeigt* sich, es ist das Mystische« (LPA 6.522). Was der junge Wittgenstein unter dem sich zeigenden Mystischen verstanden hat, wird in den Texten seiner Frühphilosophie nicht vollständig deutlich. Wie es scheint, bezeichnet Wittgenstein hier als ›mystisch‹ etwas, das als real und belangvoll für das eigene Leben erlebt wird, weil es sich in solcher Weise *zeigt*, das sich aber gleichwohl der Versprachlichung in sinnvollen Sätzen entzieht. Ein Beispiel dafür hat man an einer mystischen Erfahrung, von der er im *Vortrag über Ethik* berichtet, sie selbst gemacht zu haben, nämlich am Staunen über die Existenz der Welt. Dieses Staunen ist für Wittgenstein subjektiv erlebte Verwunderung nicht etwa darüber, »*wie* die Welt ist«; »das Mystische« zeigt sich vielmehr im Erstaunen darüber, »*dass* sie ist« (LPA 6.44), wie er bereits in der *Abhandlung* sagt. Es ist klar: Wenn ich eine solche Erfahrung mache und »sage: ›Ich staune über die Existenz der Welt‹, missbrauche ich die Sprache« (VE 15). Denn die »Aussage ›Ich staune darüber, dass das und das der Fall ist‹ hat nur dann Sinn, wenn ich mir vorstellen kann, dass es nicht der Fall sei. In diesem Sinne kann man etwa über die Existenz eines Hauses staunen, wenn man es nach langer Zeit der Abwesenheit erblickt und sich ausgemalt hat, es sei in der Zwischenzeit abgerissen worden. Dagegen ist es unsinnig zu sagen, dass ich über die Existenz der Welt staune, denn ich kann mir gar nicht vorstellen, dass sie nicht existierte« (ebd.). Die Aussage ist also unsinnig, das Erlebnis dagegen nichtsdestoweniger real und relevant für das Leben dessen, der es erfährt. Es ist unaussprechlich und doch existent.

Solche Erfahrung von Unaussprechlichem ist es, die Menschen nach Wittgensteins Ansicht immer wieder dazu motiviert, »gegen die Grenzen der Sprache anzurennen« (VE 18 f.)

und Unsinniges darüber zu sagen. Von diesem Trieb – »der Trieb aller Menschen, die je versucht haben, über Ethik und Religion zu schreiben und zu reden« (VE 19) – ist der Mensch durch die richtige Methode der Philosophie nicht abzubringen. Denn seine Lebensprobleme werden durch das, was sich mit Sprache sinnvoll sagen lässt, noch nicht einmal berührt. Wie auch immer die Dinge liegen mögen; derjenige der an der Welt leidet, vermag sie nicht so zu sehen, dass er sich von den Tatsachen unabhängig fühlen und mithin glücklich sein kann. »Die Welt des Glücklichen ist«, trotz der für beide identischen Tatsachen, »eine andere als die des Unglücklichen« (LPA 6.43), wie es an einer berühmten Stelle der *Abhandlung* heißt. Und deshalb kommt es darauf an, die Perspektive auf die Welt als solche zu verändern, was nach Wittgensteins damaliger Ansicht durch Kunst, aber in bestimmter Weise auch durch – philosophisches – Denken geschehen kann.

Das »Wesen der künstlerischen Betrachtungsweise« wollte Wittgenstein entsprechend darin erblicken, »dass sie die Welt mit glücklichen Augen betrachtet« (TB 20.10.16) und auch den Betrachter ihrer Werke so zu sehen lehrt. Während die »gewöhnliche Betrachtungsweise [...] die Gegenstände gleichsam aus ihrer Mitte« heraus sieht und insofern gar nicht die Übersicht gewinnen kann, die notwendig ist, um die Tatsachen der Welt als solche hinnehmen zu können, scheint die Kunst eine Betrachtung der Welt »sub specie aeternitatis« – also »unter dem Gesichtspunkt der Ewigkeit« –, d. h. gewissermaßen »von außerhalb« (TB 7.10.16) zu gewähren. Gegenstände oder Geschehnisse des Lebens werden nämlich durch die Arbeit des Künstlers in einer Perspektive gezeigt, in der sie »die ganze Welt als Hintergrund« (ebd.) zu haben scheinen. In der Perspektive der Kunst erscheint das Einzelne so in die Ordnung der Welt im Ganzen eingefügt und von dieser Stellung her als solches akzeptabel. »Das Kunstwerk ist der Gegenstand sub specie aeternitatis gesehen; und das gute Leben ist die Welt sub specie aeternitatis gesehen. Dies ist der Zusammenhang zwischen Kunst und Ethik« (TB 7.10.16), der in der *Abhandlung* nur in einer Klammerbemerkung »Ethik und Ästhetik sind eins« (LPA 6.421) widerscheint und dort entsprechend kryptisch bleibt.

Neben der Arbeit des Künstlers hat Wittgenstein aber auch noch einen anderen Weg gesehen, um zu einer ›richtigen‹ Sicht der Welt zu gelangen, welche nicht länger versucht, gegen die Grenzen der Sprache anzurennen. Zu ihr gelangt der Leser der *Abhandlung* gewissermaßen doch auch durch philosophisches Denken, wenn auch nicht durch jene philosophische Klärungsarbeit, die an sich die richtige Methode der Philosophie darstellen würde. Die von Wittgenstein in der *Abhandlung* niedergeschriebenen Sätze erläutern nämlich das, worum es ihm geht, eben dadurch, dass sie der, welcher ihn »versteht, am Ende als unsinnig erkennt, wenn er durch sie – auf ihnen – über sie hinausgestiegen ist. (Er muss sozusagen die Leiter wegwerfen, nachdem er auf ihr hinaufgestiegen ist.) Er muss diese Sätze überwinden, dann sieht er die Welt richtig« (LPA 6.54). Denn wer ihn – Wittgenstein – versteht, der hat natürlich am Ende auch begriffen, dass die meisten Bemerkungen der *Abhandlung* ja selbst keine Bilder von Sachverhalten und insofern streng genommen unsinnig sind. Darauf haben insbesondere Interpreten, die im Anschluss an Cora Diamond eine ›resolute‹, d. h. Wittgenstein beim Wort nehmende Lesart der *Abhandlung* vertreten, immer wieder hingewiesen (Diamond 1991). Gerade diese Einsicht in ihre Unsinnigkeit vermag nun aber Wittgensteins mit der *Abhandlung* verfolgte Intentionen zu erläutern. Denn dadurch wird deutlich, dass er in der *Abhandlung* keineswegs neue philosophische Theorien aufstellen will, sondern durch die sinnkritische Überwindung nicht nur der tradierten Philosophie, sondern auch noch seiner eigenen philosophischen Sätze eine Veränderung der Perspektive dessen, der ihn versteht, zu bewirken sucht. Denn die im philosophischen Gedankengang vollzogene Überwindungsbewegung der Sätze der Abhandlung soll zu einer ›richtigen‹ Sicht der Welt verhelfen, welche gar nicht mehr theoretisiert, sondern die Grenzen der Sprache hinnimmt und nicht länger versucht, gegen sie anzurennen. Für denjenigen, der im Durchgang durch den Gedankenweg der *Abhandlung* zu dieser Sichtweise gelangt, sind die philosophischen Probleme, wie Wittgenstein im Vorwort schrieb, tatsächlich »im Wesentlichen endgültig gelöst«: allerdings nicht, weil man über einzelne Sätze der *Abhandlung* nicht mehr philosophisch diskutieren könnte, sondern weil man über unsinnige Sätze gar nicht zu diskutieren braucht. »Wovon man nicht sprechen kann, darüber muss man schweigen.« (LPA 7)

Übergänge: 1929 bis 1936

»*Ich könnte als Motto meines Buches wählen: Ein Narr
kann mehr fragen, als zehn Weise beantworten können.
Eigentlich müsste es hier heißen ›zehn Gescheite‹.*«

(Ms 109: 288)

Nachdem Wittgenstein im Januar 1929 nach Cambridge zurück-
gekehrt war, begann in seinem Denken eine überaus produktive
und fruchtbare Periode, eine Phase des Übergangs von der Früh-
zur Spätphilosophie, in der Vieles in seinem Denken in Fluss
geriet, um schließlich in den *Philosophischen Untersuchungen* ab
Ende 1936 eine neue Form anzunehmen. Dieser Zeitraum wird
von einigen Interpreten heute auch als die ›mittlere Periode‹
seiner denkerischen Entwicklung bezeichnet. Es ist nicht möglich, in dieser Periode irgendein einzelnes Gedankenmotiv für
Wittgensteins Wende zu seiner Spätphilosophie verantwortlich
zu machen. Mehrere sind von Wittgensteins Interpreten zu
Recht herausgestellt worden: Von seiner Abkehr von der Idee
einer primären, ›phänomenologischen‹ Sprache im Jahre 1929
bis hin zu seinen neuen Vorstellungen von der angemessenen
literarischen Form seines Schreibens im Jahre 1936. Vor allem
aber verändern sich in diesen Jahren langsam und manchmal
kaum merklich sein Sprach- und Philosophiebegriff.

© Springer-Verlag GmbH Deutschland, ein Teil von Springer Nature 2019
S. Majetschak, *Wittgenstein und die Folgen*, https://doi.org/10.1007/978-3-476-04935-3_3

Satz und Sprache

In der *Logisch-philosophischen Abhandlung* hatte Wittgenstein die Sprache als die Gesamtheit der Sätze verstanden. Weil sinnvolle Sätze der dort vertretenen Ansicht zufolge nichts anderes tun können, als mögliche oder wirkliche Sachverhalte in der Welt darzustellen, hatte er das Wesen des Satzes, d. h. die allgemeine Form aller sinnvollen Sätze durch die Formulierung »Es verhält sich so und so« (LPA 4.5) zu erfassen versucht. Denn alle sinnvollen Sätze sagen aus, wie sich Dinge in Sachverhalten zueinander verhalten. In seiner vollständig analysierten Form als Elementarsatz, meinte Wittgenstein, würde ein Satz so die Logik der Phänomene in seiner inneren Ordnung zeigen, die in der Umgangssprache durch grammatische Darstellungskonventionen verhüllt ist. Andere als solche wirklichkeitsbeschreibenden Verwendungen von Sprache kamen in der *Abhandlung* gar nicht in seinen Blick.

Der Versuch, auf den Spuren Russells und Freges eine von normalsprachengrammatischen Darstellungskonventionen freie Symbolsprache zu konzipieren, welche die logische Form wirklichkeitsadäquat ausdrückt und zeigt, verpflichtete Wittgenstein deshalb auf eine eigentümliche, von ihm selbst sogenannte Variante der ›Phänomenologie‹, deren Konturen und Quellen er weitgehend im Dunkeln gelassen hat (Thompson 2008, 65 ff.). Doch schon 1930 notiert er: »Die phänomenologische Sprache oder ›primäre Sprache‹, wie ich sie nannte, schwebt mir jetzt nicht als Ziel vor; ich halte sie jetzt nicht mehr für nötig. Alles was möglich und nötig ist, ist das Wesentliche *unserer* Sprache von ihrem Unwesentlichen zu sondern« (Ts 209: 1). Denn wie ihm nun klar wurde, ist an die unverhüllte Logik der Phänomene prinzipiell gar nicht heranzukommen, weil jede Beschreibung der logischen Form der Wirklichkeit ja schon eine Sprache voraussetzt, deren Grammatik nicht – oder zumindest nicht notwendigerweise – der Logik der »Wirklichkeit verantwortlich«

(Ts 213: 234) ist. Mit der Sprache ist also gar nicht aus der Sprache heraus und an eine vermeintlich unverhüllte Wirklichkeit heranzukommen. Deren Grammatik ist in gewisser Weise ›autonom‹ (Hacker 1978, 212 f.), d. h. oft anderen Zwecken als einer adäquaten Wirklichkeitsdarstellung verpflichtet und insofern »der Wirklichkeit nicht Rechenschaft schuldig« (ebd.). Wenn dies so ist, verliert die Unterscheidung einer primären, wirklichkeitsformadäquaten phänomenologischen Sprache von der sekundären, die Wirklichkeitsform verhüllenden Alltagssprache natürlich allen Sinn. Und die Idee, dass sich so etwas wie eine allein der Logik der Wirklichkeit verpflichtete ›Idealsprache‹ überhaupt konstruieren lasse, erweist sich als Illusion.

In eins mit dieser Einsicht, die man als eine Einsicht in die Unhintergehbarkeit der natürlichen Sprache bezeichnen könnte, gewahrte Wittgenstein schon bald die Schwierigkeiten, die mit seinem Versuch in der *Abhandlung* verbunden sind, das, was Sprache oder was ein Satz sei, präzise zu definieren. »Das Grundübel der Russell'schen Logik sowie auch der meinen in der L. Ph. Abh. ist,« so notierte er einmal prägnant, »dass, was ein Satz ist, mit ein paar gemeinplätzigen Beispielen illustriert, und dann als allgemein verstanden vorausgesetzt wird« (BPP I: 38). Denn nur in der eingeschränkten Perspektive des Logikers mag man sich einbilden, dass das Wesen des Satzes als solches klar und überdies mit einer trivialen Formulierung wie ›Es verhält sich so und so‹ auch angemessen zu beschreiben sei. So sieht er sich bereits in einer Vorlesung des Frühjahrstrimesters 1931 erneut vor die Frage gestellt, »was ein Satz denn eigentlich sei [...]. Das Satzzeichen zwischen zwei Punkten? Der Ausdruck des Gedankens? Die Beschreibung einer Tatsache? Ein Aussage über das, was der Fall ist? Eine Aussage, die wahr oder falsch sein kann?« (LWL 64). All diese Antworten haben, je nach der Perspektive der Frage, auf die sie antworten, ihr begrenztes Recht. Denn allgemeine, objektive Kriterien für Satzhaftigkeit kann es gar nicht geben. Was ein Satz ist, lässt sich vielmehr nur durch Beispiele erläutern, denn der Begriff des Satzes »hat die Verschwommenheit des normalen Gebrauchs aller Begriffswörter unserer Sprache« (Ts 213: 70v).

Dasselbe gilt natürlich auch für den Begriff der Sprache. Auch er ist nicht eindeutig definierbar, sondern weist dieselbe Verschwommenheit wie der Begriff des Satzes auf. Und das ist auch nicht überraschend angesichts der »Vielgestaltigkeit dessen, was wir ›Sprache‹ nennen. Wortsprache, Bildersprache, Gebärdensprache, Tonsprache« (Ms 115: 28), all diese unterschiedlichen Arten von Sprache sind nicht auf einen Begriff zu bringen oder auch nur auf eine bestimmte Funktion, z. B. Wirklichkeit zu beschreiben, festzulegen. So formuliert er in späteren Jahren einmal: »Die Sprache hat eben eine vielfache Wurzel; sie hat Wurzeln, nicht *eine* Wurzel« (Z 656). Sie ist »für uns nicht als Einrichtung definiert, die einen bestimmten Zweck erfüllt. Sondern ›Sprache‹«, meint Wittgenstein nun, »ist für uns ein Sammelname, und ich verstehe darunter die deutsche Sprache, die englische Sprache u. s. w. und noch verschiedene Zeichensysteme, die mit diesen Sprachen eine größere oder geringere Verwandtschaft haben« (Z 322).

Freilich, so werden manche fragen: Wenn »so der allgemeine Begriff der Sprache sozusagen zerfließt, zerfließt da nicht auch die Philosophie?« (Ts 213: 67). Diese Frage, die er in der Frühphilosophie wohl bejaht hätte, beantwortet er nun mit einen klaren »Nein, denn ihre Aufgabe ist es nicht, eine neue |ideale| Sprache zu schaffen,« (ebd.), »sondern bestimmte Missverständnisse in unserer Sprache aufzuklären« und »zu beseitigen« (Ts 213: 66v), die philosophisch in die Irre führen. Diese Aufgabe geht er im Spätwerk, insbesondere in den *Philosophischen Untersuchungen* an, in denen er im Unterschied zum Frühwerk das entwickelt, was man heute zumeist als ›ordinary language philosophy‹ (Philosophie der normalen Sprache) bezeichnet.

›Philosophie‹ im Big Typescript

Diese Programmatik wird bereits im ›Philosophie‹-Kapitel des *Big Typescript* von 1933 in einer Form greifbar, die für Wittgensteins Spätphilosophie insgesamt gültig bleibt. Hier wird Philosophie nun nicht mehr primär als sinnkritische Klärungsarbeit an Sätzen aufgefasst, sondern ein Verständnis von ihr entfaltet, das er in den *Philosophischen Untersuchungen* in den berühmten und oft zitierten Satz fasst: »Die Philosophie ist ein Kampf gegen die Verhexung unseres Verstandes durch die Mittel unserer Sprache« (PU 109). Diesen Kampf betrachtete er als lang und letzten Endes unabschließbar, denn immer wieder werde, wie er nun meinte, das philosophische Nachdenken durch die Sprache irregeführt, die uns bestimmte Deutungen von Phänomenen nahelegt, die sich bei näherer Betrachtung als Illusionen, gleichsam durch die Sprache bewirkte Surrogate erwiesen.

Insbesondere, so Wittgenstein, lasse sich das Denken wieder und wieder von »irreführenden Analogien« (Ts 213: 408) beeindrucken, die sich ihm aufgrund von Ähnlichkeiten der grammatischen Strukturen unserer Sprache aufdrängten. Wie es bereits in Manuskriptband 110 von 1930/31 heißt, stellen solche irreleitenden, wie er dort auch sagt: »falschen« Analogien den eigentlichen »morbus philosophicus« (Ms 110: 87) – die ›philosophische Krankheit‹ als solche – dar, mit der sich das Nachdenken immer wieder infiziert. Sie resultieren Wittgensteins Diagnose zufolge daraus, dass es »[u]nserer Grammatik [...] an Übersichtlichkeit« fehlt (Ts 213: 417), und zwar in solcher Weise, dass das Denken dazu verleitet werde, an und für sich unvergleichbare Phänomene allein auf Grund von oberflächlichen Ähnlichkeiten unserer Redeweise über beide auch fälschlicherweise als gleichartig oder doch mindestens analog zu interpretieren. So neigen wir dazu, das, worauf sich Wörter wie ›verstehen‹ oder ›glauben‹ beziehen, als Vorgänge im Innenraum des Geistes zu deuten, weil wir uns am Muster von Verben wie ›springen‹ oder ›laufen‹ orientieren, die sich auf in Raum und Zeit lokalisierbare Vorgänge in der äußeren Wirklichkeit beziehen. Oder wir meinen, dass Wörter wie ›Geist‹ oder ›Seele‹ schwer greifbare, objektartige Entitäten im Bereich des Mentalen bezeichnen, nur weil wir uns vom Vorbild von Wörtern wie ›Tisch‹ oder ›Haus‹ leiten lassen, die sich auf Gegenstände in der äußeren Welt beziehen.

Aber sind ›glauben‹ und ›verstehen‹ wirklich geistige ›Vorgänge‹ und ›Geist‹ und ›Seele‹ mentale ›Gegenstände‹? Oder werden sie nur von den Formen unserer Sprache *als solche* behandelt, weil Tätigkeitswörter *oftmals* Vorgänge und Hauptwörter *vielfach* Gegenstände bezeichnen? Wittgenstein war der zweiten Ansicht und hat die Auffassung, dass mentale Gegebenheiten so etwas wie innere Vorgänge und Objekte seien, für eine grammatische Fiktion gehalten, von der eine Philosophie, wie er sie seit Anfang der dreißiger Jahre nun konzipierte, den menschlichen Geist zu befreien habe. Dazu müsse man »die ganze Sprache durchpflügen« (Ts 213: 432), sich Übersicht über ihr tatsächliches Funktionieren verschaffen und die Deutungen der überkommenen Philosophie als Missverständnisse der Sprachlogik überführen. Denn die »Ergebnisse der Philosophie sind die Entdeckung irgend eines schlichten Unsinns und Beulen, die sich der Verstand beim Anrennen an die Grenze der Sprache geholt hat« (Ts 213: 425, auch PU 119), wie es bereits im *Big Typescript* heißt.

Die grammatischen Fiktionen, denen die metaphysische Tradition der europäischen Philosophie auf den Leim geht, aufzuweisen und den von falschen Analogien Verblendeten vom Problemdruck des philosophischen Nachdenkens zu befreien, wird nun das Hauptziel des Wittgenstein'schen Philosophierens, das man in der neueren Wittgenstein-Deutung nicht zu Unrecht gelegentlich als ein ›therapeutisches‹ bezeichnet hat (Fischer 2006 u. a.). »Wie ich Philosophie betreibe«, notierte

Wittgenstein entsprechend im *Big Typescript*, »ist es ihre ganze Aufgabe, den Ausdruck so zu gestalten, dass gewisse Beunruhigungen«, die von undurchschauten philosophischen Problemen im menschlichen Geiste verursacht werden, »verschwinden. [...] Die Probleme werden im eigentlichen Sinne aufgelöst – wie ein Stück Zucker im Wasser« (Ts 213: 421). Es geht also *nicht* darum, mit neuen Theorien für alte Fragen aufzukommen, denn einen Fortschritt, geschweige denn eine Lösung, kann es in der Philosophie gar nicht geben, wenn auch aus anderen Gründen, als manche Philosophen meinen.

»Man hört immer wieder die Bemerkung, dass die Philosophie eigentlich keinen Fortschritt mache, dass die gleichen philosophischen Probleme, die schon die Griechen beschäftigten, uns noch beschäftigen. Die das aber sagen, verstehen nicht den Grund, warum es so sein muss. Der ist aber, dass unsere Sprache sich gleich geblieben ist und uns immer wieder zu denselben Fragen verführt. Solange es ein Verbum ›sein‹ geben wird, das zu funktionieren scheint wie ›essen‹ und ›trinken‹, solange es Adjektive ›identisch‹, ›wahr‹, ›falsch‹, ›möglich‹ geben wird, solange von einem Fluss der Zeit und von einer Ausdehnung des Raumes die Rede sein wird, u. s. w., u. s. w., solange werden die Menschen immer wieder an die gleichen rätselhaften Schwierigkeiten stoßen, und auf etwas starren, was keine Erklärung scheint wegheben zu können.« (Ts 213: 424)

Aus einer solchen Tradition kann man darum nur radikal ausbrechen.

»Alles, was Philosophie« im Sinne des späteren Wittgenstein »tun kann, ist« so besehen, »Götzen zerstören. Und das heißt, keinen neuen – etwa in der ›Abwesenheit eines Götzen‹ – zu schaffen« (Ts 213: 413), wie Wittgenstein mit unverkennbarem

Anklang an Nietzsche schreibt. »Die Philosophie«, wie er sie jetzt versteht, stellt deshalb »alles bloß hin und erklärt und folgert nichts« (Ts 213: 418). Statt neue Begriffe und Theorien einzuführen, will sie nur den alltäglichen Gebrauch der genannten Wörter übersichtlich vor Augen stellen und dadurch ihre traditionellen metaphysischen Auslegungen als einseitige, oft manierierte Wortverwendungen kenntlich machen. Dass dies in der Regel gar nicht so leicht ist, wusste Wittgenstein durchaus. Denn zwar heißt »Philosophieren [...]: falsche Argumente zurückweisen« (Ts 213: 409) und »die Wörter von ihrer metaphysischen wieder auf ihre richtige«, d. h. alltägliche »Verwendung in der Sprache« (Ts 213: 412) zurückführen. Aber dabei darf die Philosophie das, was in einem normalen Sprachgebrauch gesagt wird, »in keiner Weise antasten, sie kann es am Ende nur beschreiben. Denn sie kann es auch nicht begründen« (Ts 213: 417), kann in keiner Weise nachweisen, dass ihre am Alltagsgebrauch orientierte Wortverwendung angemessener ist als eine philosophisch-metaphysische. Die Zweckmäßigkeit und Sachangemessenheit ihrer Darstellung eines Sprachgebrauchs wird ja nur dadurch erwiesen, dass sie ein lange als quälend empfundenes philosophisches Problem *de facto* zum Verschwinden bringt. Wem die Philosophie nicht dazu verhilft, der wird weiterhin insistieren, dass das Wort ›denken‹ beispielsweise doch so etwas wie einen Vorgang im Inneren des Bewusstseins bezeichnen müsse, und die angebotenen Beschreibungen eines Wortgebrauchs in der Alltagssprache in vielen Fällen gar nicht als Lösung *seines* Problems akzeptieren. Wie Wittgenstein klar war, wird dies gar nicht so selten vorkommen. Denn tatsächlich sind die »Menschen [...] tief in den philosophischen, d. i. grammatischen Konfusionen eingebettet« (Ts 213: 423), die uns die Sprache aufdrängt. »Und, sie daraus zu befreien, setzt voraus, dass man sie aus den ungeheuer mannigfachen Verbindungen herausreißt, in denen sie gefangen sind. Man muss sozusagen ihre ganze Sprache umgruppieren« (ebd.). Erst dann wird es –

wenn überhaupt – unter Umständen möglich sein, ihnen ihre Missverständnisse und Missdeutungen vor Augen zu führen.

Psychoanalyse der grammatischen Missdeutungen

Dass die philosophische Bemühung darum oft nicht oder doch zumindest nicht rasch von Erfolg gekrönt sein wird, führte er entsprechend darauf zurück, dass die »Schwierigkeit der Philosophie[...] nicht die intellektuelle Schwierigkeit der Wissenschaften« sei, die äußersten Scharfsinn und eingehende Kenntnis der Materie verlange, »sondern die Schwierigkeit einer Umstellung« der Sichtweise dessen, der metaphysischen Deutungen alltagssprachlicher Ausdrücke anhänge (Ts 213: 406). »Widerstände des Willens« nämlich seien in der Philosophie »zu überwinden«, wie es in der Überschrift zum 86. Abschnitt des *Big Typescript* heißt (ebd.). Metaphysikaffine Menschen *wollen* die Dinge in bestimmter Weise sehen und mobilisieren gegen jede alternative Sichtweise erhebliche Widerstände.

Wenn Wittgenstein die Philosophie nun als eine Arbeit gegen die Widerstände metaphysikaffiner Menschen sieht, die auf Wortverwendungen wie dem Vergleich des Denkens mit einem ›Vorgang‹ beharren, spielt er zweifellos auf Freuds psychoanalytisches Behandlungskonzept an, das in der Bearbeitung der Widerstände eines Patienten gegen die Aufdeckung seiner ins Unbewusste verdrängten Traumatisierungen ebenfalls eine Hauptschwierigkeit des psychoanalytischen Behandlungsprozesses gesehen hatte. Denn ungefähr in den Jahren des Übergangs zum Spätwerk, genauer gesagt: im Zeitraum zwischen 1930 und der Niederschrift von Ts 220, einer Frühfassung der *Philosophischen Untersuchungen* von 1937 oder 1938, hat Wittgenstein seine Methode des Philosophierens mehrfach mit der Psychoanalyse verglichen. Darauf hat Gordon Baker (2006, 143 ff.)

aufmerksam gemacht. In einer Bemerkung von Oktober 1930 notierte Wittgenstein erstmals, es sei »eine Haupttätigkeit der Philosophie vor falschen Vergleichen zu warnen. Vor falschen Vergleichen zu warnen, die unserer Ausdrucksweise – ohne dass wir uns dessen ganz bewusst sind – zugrunde liegen. Ich glaube, unsere Methode ähnelt hier der der Psychoanalyse, die auch Unbewusstes bewusst & dadurch unschädlich machen will« (Ms 109, 174). Wie stark der Einfluss Freuds auf die Herausbildung von Wittgensteins philosophischer Methode im Spätwerk tatsächlich gewesen sein muss, mag man daran erkennen, dass er sein eigenes philosophisches Unternehmen, wie es scheint, sogar einmal als »Psychoanalyse der grammatischen Missdeutungen« zu bezeichnen erwog (Ms 145: 58). Im Februar 1938 findet man in Wittgensteins Nachlass letztmalig eine ausdrückliche Bemerkung zu der von ihm gesehenen Parallele: »What we do is much more akin to psychoanalysis than you might be aware of« (Ms 158, 34r), notiert er hier in englischer Sprache. Am wohl deutlichsten treten die methodischen Analogien zwischen Freud'scher Psychoanalyse und Wittgenstein'scher Philosophie aber im sogenannten »Diktat für Schlick« von (höchstwahrscheinlich) 1933 zutage (Iven 2009).

Im »Diktat für Schlick« heißt es ganz ähnlich wie an der zitierten Stelle aus Ms 109: »Unsere Methode ähnelt in gewissem Sinn der Psychoanalyse. In ihrer Ausdrucksweise könnte man sagen, das im Unbewussten wirkende Gleichnis wird unschädlich, wenn es ausgesprochen wird. (Und dieser Vergleich mit der Analyse lässt sich noch weithin fortsetzen)« (DS 68 f.), wie ein näherer Methodenvergleich von Freud und Wittgenstein zeigen kann (Majetschak 2008). Und so zielt auch Wittgensteins Therapie von philosophischen Verhexungen des Verstandes durch falsche Analogien oder irreführende Gleichnisse und Bilder darauf, die Quellen der daraus resultierenden philosophischen Probleme offenzulegen und bewusst zu machen. Wie dies gelingen kann, hat er im »Diktat für Schlick« am Beispiel einer

Formulierung Martin Heideggers demonstriert, die er vielleicht aus Gesprächen mit Mitgliedern des Wiener Kreises oder vielleicht sogar aus eigener Lektüre von Rudolf Carnaps Aufsatz »Überwindung der Metaphysik durch logische Analyse der Sprache« von 1931 kannte, in welchem Carnap sie als Beispiel für einen metaphysischen Scheinsatz verwendet: die Formulierung ›das Nichts nichtet‹, die Heidegger in seiner Freiburger Antrittsvorlesung *Was ist Metaphysik* von 1929 gebraucht (DS 68, Carnap 1931, 229). Ganz auf der Linie der Psychoanalyse ist Wittgenstein der Überzeugung, dass es zu Beginn einer ›philosophischen Therapie‹ offenbar keinen Sinn hat, denjenigen, der diesen Satz als eine sinnvolle philosophische Aussage betrachtet, unmittelbar mit der Behauptung zu konfrontieren, dass dieser Satz schlichter Unsinn sei. Das mag zwar wahr sein, doch würde eine solche Vorgehensweise die Widerstände eines metaphysisch Verblendeten wohl eher verstärken. Denn für ihn ist dieser Satz ja keineswegs Unsinn, sondern artikuliert eine tiefe Einsicht.

Wie Wittgenstein im *Diktat für Schlick* ausführt, muss man, sofern jemand einen Satz wie ›das Nichts nichtet‹ für sinnvoll hält und in einem philosophischen Text niederschreibt, deshalb zunächst fragen: »Was hat dem Autor bei diesem Satz vorgeschwebt? Woher hat er diesen Satz genommen?« (DS 68). Und dann wird man vielleicht zu einer Antwort wie der folgenden gelangen: »Wer etwa vom Gegensatz des Seins und des Nichts spricht und vom Nichts als etwas gegenüber der Verneinung Primärem, der denkt [...] etwa an eine Insel des Seins umspült vom unendlichen Meer des Nichts. Was wir in dieses Meer werfen, wird in seinem Wasser aufgelöst, vernichtet. Es selbst aber hat auch eine unendliche Tätigkeit, vergleichbar den Wogen des Meeres, es existiert, es ist, und wir sagen: ›es nichtet‹« (DS 70). Doch welche Erklärung man auch immer für die manierierte Redeweise ›das Nichts nichtet‹ findet: Derjenige, der einen solchen Satz gebraucht, muss keineswegs zugestehen, dass seiner Ausdrucksweise ein solches Gleichnis zugrunde lag. Denn wie

»kann man jemandem zeigen, dass dieses Gleichnis nun das richtige ist? Man kann es gar nicht zeigen« (ebd.). Und so bleibt nach Wittgenstein nichts anderes übrig, als weiterhin gegen die Widerstände des metaphysisch Verwirrten anzuarbeiten und zu versuchen, seine Sichtweise umzustellen.

Gemäß seiner Darstellung im *Diktat für Schlick* geschieht dies primär durch Fragen, die den Metaphysiker dazu bringen sollen, sich selbst über seine Ausdruckweise Rechenschaft zu geben: »Wenn jemand sagt ›das Nichts nichtet‹ so können wir ihm in der Art unserer Betrachtungsweise sagen: Gut, was sollen wir nun mit diesem Satz anfangen? Das heißt, was folgt aus ihm und woraus folgt er? Aus welcher Erfahrung können wir ihn feststellen? Oder aus gar keiner? Was ist seine Funktion? Ist er ein Satz der Wissenschaft? Und welche Stellung nimmt er im Haus der Wissenschaft ein? Die eines Grundsteins, auf welchem andere Bausteine liegen? Oder etwa die eines Arguments?« (DS 72). Und so weiter. Bei all diesen Fragen kommt es Wittgenstein vor allem auf ihre Widerstände zersetzende Wirkung an, und nicht so sehr auf die Antworten im Einzelnen. Denn, so fährt er fort: »Ich erkläre mich mit allem einverstanden« (ebd.), wie auch immer die Antwort lauten sollte. »Ich habe nichts dagegen, dass du an der Maschine der Sprache ein leerlaufendes Rad anbringst,« sagt er zu seinem metaphysikaffinen Gesprächspartner, »aber ich wünsche zu wissen, ob es leer läuft oder in welche andern Räder es eingreift« (ebd.). Orientiert an der Antwort kann man dann entscheiden, wie und in welche Richtung die philosophische Therapie fortgesetzt werden muss.

Ein objektives Ende hat diese philosophische Therapie – wie die ›unendliche Psychoanalyse‹ bei Freud (2000[a]) – freilich nicht. Deshalb sieht es Wittgenstein als eine ihrer »wichtigsten Aufgaben« an, »alle falschen Gedankengänge so charakteristisch auszudrücken, dass der Leser sagt ›ja, genau so habe ich es gemeint‹« (Ts 213: 410). Nur dann nämlich, wenn er das von Wittgenstein dargebotene Bild von der ›Insel des Seins, umspült vom unendlichen Meer des Nichts‹, als Ausdruck seines Gedankens »anerkennt, ist er der richtige Ausdruck. (Psychoanalyse.) Was der Andere anerkennt, ist die Analogie, die ich ihm darbiete, als Quelle seines Gedankens« (ebd.). Und dann wird auch das Symptom seiner Verwirrung, den Ausdruck ›das Nichts nichtet‹ für einen sinnvollen Satz zu halten, durch Bewusstmachung verschwunden sein.

Philosophische Erkundungen weiter Gedankengebiete: November 1936 bis 1945

»*Motto: Überhaupt hat der Fortschritt das an sich, dass er viel größer ausschaut, als er wirklich ist. Nestroy*«
(PU)

Philosophische Untersuchungen: Das Werk und die Themen

Anfang November 1936 beginnt Wittgenstein, die erste Fassung jenes Textes niederzuschreiben, den wir heute als sein zweites Hauptwerk, die *Philosophischen Untersuchungen*, kennen. Zu Lebzeiten wird er es nicht vollenden. Es erscheint erst 1953, zwei Jahre nach seinem Tod, in einer von seinen Nachlassverwaltern G. E. M. Anscombe, G. H. von Wright und Rush Rhees herausgegebenen Version. Wie die meisten ›Werke‹, die die Nachlassverwalter aus Nachlassstücken zusammengestellt haben, ist es kein vollständig authentisches Werk Wittgensteins, denn die Herausgeber haben es aus drei von ihnen selbst ausgewählten Teilen zusammengesetzt: einem von Wittgenstein im Januar 1945 geschriebenen Vorwort (Ts 243), einem aus 693 Bemerkungen bestehenden ›Teil I‹, der im Wesentlichen Ts 227 entspricht,

© Springer-Verlag GmbH Deutschland, ein Teil von Springer Nature 2019
S. Majetschak, *Wittgenstein und die Folgen*, https://doi.org/10.1007/978-3-476-04935-3_4

sowie einem sogenannten ›Teil II‹ (Ms 144/Ts 234 [verschollen]), der eine Auswahl von Bemerkungen enthält, die Wittgenstein aus seinen nach 1945 entstehenden Manuskripten zur Philosophie der Psychologie vorgenommen hatte. Aus gegenwärtiger Sicht ist mehr als fraglich, ob Wittgenstein den sogenannten ›Teil II‹ tatsächlich in einen von ihm selbst veröffentlichten Band *Philosophische Untersuchungen* aufgenommen hätte (Hacker/Schulte 2009, Rothhaupt 2018). Teil I dagegen dürfte Wittgensteins Veröffentlichungsplänen entsprechen. Da Teil I, von Kleinigkeiten abgesehen, höchstwahrscheinlich im Laufe des Jahres 1945 fertiggestellt war, ist das von den Herausgebern ihrer Ausgabe beigegebene Vorwort »Cambridge, im Januar 1945« unter den zahlreichen Vorwortentwürfen, die sich im Nachlass finden, passend gewählt.

In diesem Vorwort teilt Wittgenstein mit, dass er, seit er sich »vor 16 Jahren wieder mit Philosophie zu beschäftigen« begonnen habe, »schwere Irrtümer« in dem erkannt habe, was er in seinem »ersten Buche niedergelegt hatte«, weshalb es ihm nun so scheine, als solle er »jene alten Gedanken und die neuen zusammen veröffentlichen [...]: dass diese nur durch den Gegensatz und auf dem Hintergrund« seiner »ältern Denkweise ihre rechte Beleuchtung erhalten könnten.« (PU Vorwort: 8) In manchen Ausgaben der *Philosophischen Untersuchungen*, etwa in der weit verbreiteten kartonierten Werkausgabe seiner Schriften im Suhrkamp Verlag, ist dies dann auch geschehen. Das Sprach- und Philosophieverständnis, das er dann in den *Untersuchungen* entfaltet, bleibt demjenigen sehr nahe, das er in der mittleren Periode zu entwickeln begonnen hatte. Doch wird beides nun unter Verwendung von neu gewonnenen Begriffen – z. B. ›Sprachspiel‹ und ›Familienähnlichkeit‹ – formuliert, die in den frühen dreißiger Jahren erst nach und nach in Wittgensteins Manuskripten auftauchen.

Wenn er seine Auffassung von Philosophie in den *Philosophischen Untersuchungen* entfaltet, nimmt er manch prägnante Formulierung erneut auf, die er bereits im ›Philosophie‹-Kapitel des *Big Typescript* verwendet hatte. Auch gemäß dem Verständnis von Philosophie, das in den *Philosophischen Untersuchungen* entfaltet wird, behandelt der Philosoph eine philosophische Frage »wie eine Krankheit« (PU 255). Er ist gleichsam immer noch der gesprächstherapeutisch orientierte Nervenarzt, der »Missverständnisse« bewusst machen und beiseite räumen will, »die den Gebrauch von Worten betreffen; hervorgerufen, unter anderem, durch gewisse Analogien zwischen den Ausdrucksformen in verschiedenen Gebieten unserer Sprache« (PU 90). Er will also »keinerlei Theorie aufstellen« (PU 109), sondern erreichen, »dass die philosophischen Probleme *vollkommen* verschwinden« (PU 133). Sie »werden durch eine Einsicht in das Arbeiten unserer Sprache gelöst, und zwar so, dass dieses erkannt wird: *entgegen* einem Trieb, es misszuverstehen« (PU 109). So sollen bestehende Verhexungen des Verstandes durch die Sprache aufgelöst und die Beulen, die er sich beim Anrennen an die Grenzen der Sprache geholt hat, künftig vermieden werden. Expliziter als in den Bemerkungen zur Philosophie im *Big Typescript* macht er jetzt freilich klar, dass es im Zuge dieses sprachanalytisch-therapeutischen Unternehmens nicht nur »*eine* Methode der Philosophie« gibt, die allein zum Ziel zu führen geeignet ist, »wohl aber gibt es Methoden, gleichsam verschiedene Therapien« (Zettel, eingelegt nach PU 133). Sie hängen von Art und Grad der Verwirrung ab, die einem philosophischen Problem oder einer philosophischen These eignen, und wohl auch von der Stärke des Widerstands, den jemand gegen diese Therapien leistet.

In den *Philosophischen Untersuchungen* behandelt Wittgenstein verschiedene Themen. Hier betont er nochmals die seit Anfang der dreißiger Jahre sich mehr und mehr konkretisierende Einsicht, dass seinem Frühwerk ein allzu vereinfachter Begriff von Sprache zugrunde lag, wenn er betont: »Wir erkennen, dass, was

wir ›Satz‹, ›Sprache‹ nennen, nicht die formelle Einheit ist, die
ich mir vorstellte, sondern die Familie mehr oder weniger miteinander verwandter Gebilde« (PU 108). Und deshalb widmen
sich viele Bemerkungen im ersten Teil des Werkes in selbstkri-
tischer Perspektive dem Verständnis von Sprache, das er in der
Abhandlung vertreten hatte. Darüber hinaus behandelt er in den
Untersuchungen eine Reihe von Themen, die er bereits im Vorwort
benennt: »Den Begriff der Bedeutung, des Verstehens, des Satzes, der Logik, die Grundlagen der Mathematik, die Bewusstseinszustände und Anderes« (PU Vorwort: 7). Zu dem hier un-
genannt bleibenden ›Anderen‹ gehören seine Überlegungen zur
Frage, was es heißt, einer Regel zu folgen, sowie das sogenannte
›Privatsprachenargument‹, welches die Unmöglichkeit einer
privaten, nur einem einzigen Sprecher verständlichen Sprache
behauptet. Da nicht alle genannten Themen im engen Rahmen
dieses Buches dargestellt werden können, sei hier auf umfang-
reichere Darstellungen verwiesen (Hacker 1978, Majetschak 2000
sowie insbes. Schulte 1989 und 2005a).

›Buch‹ oder ›Album‹?

Im Vorwort von 1945 gibt Wittgenstein auch eine Kurzcharak-
teristik der literarischen Form seines Philosophierens, und je
nachdem, wie man diese versteht, wird man die *Philosophischen
Untersuchungen* anders lesen. Über die in diesem Werk niedergelegten Gedanken schreibt er dort:

> »Ich habe diese Gedanken alle als *Bemerkungen*, kurze
> Absätze, niedergeschrieben. Manchmal in längeren
> Ketten, über den gleichen Gegenstand, manchmal in
> raschem Wechsel von einem Gebiet zum andern über-
> springend. – Meine Absicht war es von Anfang, alles dies
> einmal in einem Buche zusammenzufassen, von dessen

Form ich mir zu verschiedenen Zeiten verschiedene Vorstellungen machte. Wesentlich aber schien es mir, dass darin die Gedanken von einem Gegenstand zum andern in einer natürlichen und lückenlosen Folge fortschreiten sollten.

Nach manchen missglückten Versuchen, meine Ergebnisse zu einem solchen Ganzen zusammenzuschweißen, sah ich ein, dass mir dies nie gelingen würde.« (PU Vorwort: 7)

An der Frage, wie man diese Wittgenstein'sche Selbsteinschätzung auffasst, hängt manches. Will Wittgenstein hier sagen, dass er an der Form des Buches als eines ›natürlichen und lückenlosen‹, linearen Argumentationszusammenhanges gescheitert sei? Legen die *Untersuchungen* die in ihnen niedergelegten Gedanken deshalb gar nicht in der Form dar, in die Wittgenstein sie gerne gebracht hätte? So wurden und werden die zitierten Sätze des Vorworts häufig gelesen. Denn wenn die Versuche, ein linear argumentierendes Buch zu schreiben, ihn nach eigenem Bekunden lehrten, dass »das Beste«, was er schreiben konnte, »immer nur philosophische Bemerkungen bleiben würden«; dass seine »Gedanken bald erlahmten«, wenn er »versuchte, sie, gegen ihre natürliche Neigung, in *einer* Richtung weiterzuzwingen« (ebd.), scheint man dies nur als Eingeständnis des Scheiterns an der literarischen Form des philosophischen Buches verstehen zu können.

Freilich schreibt Wittgenstein im nächsten Satz des Vorworts auch, dass die Form der *Philosophischen Untersuchungen* »mit der Natur der Untersuchung selbst« zusammenhänge, also gewissermaßen von der Sache her erzwungen sei: »Sie nämlich zwingt uns, ein weites Gedankengebiet, kreuz und quer, nach allen Richtungen zu durchreisen« (ebd.). Daher betrachtet er die philosophischen Bemerkungen seines Buches gar nicht als aufeinander aufbauende Bausteine einer linearen Argumentation. Vielmehr seien sie »gleichsam eine Menge von Landschaftsskizzen, die auf diesen langen und verwickelten Fahrten« durch ein unübersichtliches philosophisches Terrain »entstanden sind« (PU Vorwort: 7 f.) und dieses Gebiet, so gut es eben jeweils geht, kartographieren. »Die gleichen Punkte, oder beinahe die gleichen, wurden stets von neuem von verschiedenen Richtungen her berührt und immer neue Bilder entworfen« (PU Vorwort: 8). Auf Grund dieser Eigentümlichkeit der Natur der Untersuchung sei sein »Buch eigentlich nur ein Album« (ebd.), das dem Leser solche Bilder anschaulich präsentiert. Weil er die Unangemessenheit der klassisch-linearen Buchform für die Natur seiner Untersuchung im fortgesetzten Scheitern an ihr erkannt habe, habe Wittgenstein, wie z. B. Alois Pichler argumentiert, darum eine »Wende vom ›Buch‹ zum ›Album‹« vollzogen (Pichler 2004, 14). Ein klassisches Buch habe er noch im August 1936 schreiben wollen, als er sich bemühte, die englisch diktierten Überlegungen des *Braunen Buches* zu einem Buch in deutscher Sprache umzuarbeiten. Doch beendete er dieses Unternehmen mit dem Ms 115 beschließenden Satz: »Dieser ganze ›Versuch einer Umarbeitung‹ [...] bis hierher ist nichts wert« (Ms 115 II: 292). Seither habe er ein linear argumentierendes Buch mit seinen neu entstehenden Bemerkungssammlungen nicht mehr angestrebt.

Aus welcher Perspektive man die Albumform der *Philosophischen Untersuchungen* nun betrachten sollte – als Resultat eines Scheiterns an der klassischen Buchform oder als bewusste Entscheidung für eine Alternativform zu ihr –, wird jeder Leser für sich selbst zu entscheiden haben. Wie sich noch zeigen wird, lassen weitere Überlegungen, die Wittgenstein in den *Untersuchungen* zur Darstellungsform seiner Spätphilosophie formuliert hat, manches für die zweitgenannte Alternative sprechen.

Grammatische Betrachtungen

Auch in seinem zweiten philosophischen Buch geht es Wittgenstein vor allem darum, seinem Leser zu einer Sichtweise zu verhelfen, die die klassischen philosophischen Probleme als Missdeutungen von Formen und Strukturen unserer Sprache durchschaut und zum Verschwinden bringt. Was er nun als ›richtige‹ Sicht der Welt und der Philosophie versteht, lässt sich freilich nicht mehr wie noch im Frühwerk als eine Sicht »sub specie aeternitatis« bezeichnen. Vielmehr geht es ihm jetzt um philosophisch immer neu zu erarbeitende, Orientierung stiftende Übersicht. Denn es sei, wie er auch in den *Philosophischen Untersuchungen* schreibt, »eine Hauptquelle unseres Unverständnisses« in der Philosophie, »dass wir den Gebrauch unserer Wörter nicht *übersehen*. – Unserer Grammatik fehlt es an Übersichtlichkeit« (PU 122). Und deshalb verfangen wir uns in der Philosophie unaufhörlich in den undurchschauten Regeln unserer Sprache, in den Analogien, Bildern und Gleichnissen, die sie uns nahelegt. »Dieses Verfangen in unsern Regeln ist, was wir verstehen, d. h. übersehen wollen« (PU 125). Wittgenstein Betrachtungsweise von Begriffen und sprachlichen Bildern, die in der Philosophie immer wieder zu Problemen geführt haben, ist deshalb »eine grammatische« (PU 90). Sie soll Missverständnisse, »hervorgerufen, unter anderem, durch gewisse Analogien zwischen den Ausdrucksformen in verschiedenen Gebieten unserer Sprache« (ebd.), durch eine Klärung der Grammatik dieser Ausdrucksformen ausräumen.

Weil dieser Auffassung von Philosophie zufolge Probleme, die aus der Unübersichtlichkeit der Grammatik unserer Sprache resultieren, durch grammatische Betrachtungen gelöst werden sollen, ist es nicht verwunderlich, dass der Begriff der ›Grammatik‹ in Wittgensteins Denken in der mittleren und späten Periode eine zentrale Rolle spielt. Entsprechend kommt er in dieser Zeit in seinen Schriften häufig vor, wird aber von ihm in mehr als einem Sinn gebraucht. Gelegentlich wird er in einem allgemeinen Sinn verwendet, um das Regelwerk einer Sprache als solcher zu bezeichnen, in manchen Fällen benutzt Wittgenstein ihn aber auch in einem partikulären Sinn, wenn er von der Grammatik bestimmter Wörter wie ›denken‹ oder ›verstehen‹ spricht. Und schließlich bezeichnet er mit dem Wort ›Grammatik‹ in einigen Fällen eine bestimmte Disziplin bzw. ein bestimmtes Fachgebiet, etwa wenn er von »Theologie als Grammatik« (PU 373) spricht. Alle drei Verwendungsweisen kommen in den *Philosophischen Untersuchungen* vor (Uffelmann 2018, 49 f.). Ihnen gemeinsam ist, dass mit dem Ausdruck ›Grammatik‹ jeweils eine rein deskriptive Darstellung sprachlicher Regeln gemeint ist. Denn »Grammatik sagt nicht, wie die Sprache gebaut sein muss, um ihren Zweck zu erfüllen, um so und so auf Menschen zu wirken. Sie beschreibt nur, aber erklärt in keiner Weise, den Gebrauch der Zeichen« (PU 496).

Der Grammatik im allgemeinen wie auch im partikulären Sinn lässt sich entnehmen, welche »Art von Gegenstand etwas ist« (PU 373), denn die in ihr niedergelegten Verwendungsregeln für Wörter lassen erkennen, ob die Sprache etwas – ob ontologisch zu Recht oder ob irreführender Weise, sei in diesem Zusammenhang dahin gestellt – als Objekt oder *als* Vorgang, *als* Prozess oder *als* Zustand behandelt. In ihr ist sozusagen »ausgesprochen«, was als das »*Wesen*« (PU 371) von etwas gilt, was Wittgenstein im Sinn haben dürfte, wenn er Theologie als Grammatik – er meint› wohl: des Wortes ›Gott‹ – bezeichnet. Denn Theologie erläutert ja unter anderem, was wir über das Wesen Gottes zu denken und zu sagen haben. Dabei macht sie natürlich *keine* empirischen Aussagen, sondern beschreibt, welche Attribute (Existenz, Allmacht etc.) wir als notwendig mit ihm verbunden denken. Und eine »Verbindung, die keine kausale, erfahrungsmäßige, sondern eine viel strengere und härtere sein soll, ja so fest, dass das Eine irgendwie schon das Andere *ist*, ist immer eine Verbindung in der Grammatik«

(BGM I: 128), wie es an anderer Stelle bei Wittgenstein heißt. Deshalb kann man theologische Erörterungen als Grammatik des Wortes ›Gott‹ betrachten.

Die Art und Weise, wie die Grammatik unserer Sprache etwas als etwas behandelt, kann nun leicht zu Missverständnissen führen, wenn wir aus Mangel an Übersicht meinen, alle Wörter eines bestimmten Typs, etwa alle Verben, müssten sich auf dasselbe, nämlich Vorgänge irgendeiner Art, beziehen. Solche Missverständnisse können durch grammatische Betrachtungen jedoch beseitigt werden, sofern es diesen Betrachtungen gelingt, die Fehldeutung bewusst zu machen. Darum muss die Philosophie die Grammatik bestimmter, oft missdeuteter Ausdrucksweisen genau analysieren und die für sie gültigen Verwendungsregeln herausarbeiten. Diese werden in Sätzen niedergelegt, die Wittgenstein als ›grammatische‹ bzw. ›grammatikalische Sätze‹ (PU 251 und 458) bezeichnet. Sätze wie »Alle Schimmel sind weiß« oder – um Wittgenstein'sche Beispiele zu verwenden – »Empfindungen sind privat« (PU 248) und »Jeder Stab hat eine Länge« (PU 251) können dafür als Beispiele dienen. Sie stellen fest, wie wir die Wörter ›Schimmel‹ und ›Stab‹ bzw. wie wir Empfindungsausdrücke als solche in unserer Sprache gebrauchen.

Grammatische Sätze werden im normalen Gebrauch der Sprache selten verwendet. In der Sprachlehre kommen sie gelegentlich vor, wenn jemandem, der dies nicht weiß, mittels des Satzes ›Alle Schimmel sind weiß‹ erklärt werden soll, dass das Wort ›Schimmel‹ ein ›weißes Pferd‹ bezeichnet. Oder man gebraucht ihn, um jemanden, der einem berichtet, einen schwarzen Schimmel gesehen zu haben, auf die Unsinnigkeit seiner Aussage hinzuweisen. Der Gebrauch grammatischer Sätze weist dabei drei logische Eigentümlichkeiten auf. Man verwendet sie paradigmatisch-normativ, d. h. man wird an ihnen festhalten, was immer die Erfahrung zeigen mag. Man gebraucht sie atemporal, weil einzelne Erfahrungen in der Zeit weder als Bestätigungen noch als Widerlegungen betrachtet werden. Und schließlich verwendet man sie übersubjektiv, denn sie artikulieren keine Privatmeinungen, sondern eine Regel, die allen kompetenten Sprechern der Sprache bekannt ist.

In der Philosophie können grammatische Sätze zur Aufklärung einer unübersichtlichen grammatischen Situation beitragen, aber auch selbst in die Irre führen, wenn man einen Satz, der »uns durch seine Form einen Erfahrungssatz vortäuscht, aber in Wirklichkeit ein grammatischer Satz ist« (PU 251), als eine Aussage über die Verfassung einer Sache missdeutet. Dies geschieht beispielsweise im Falle des Satzes ›Empfindungen sind privat‹ sehr leicht, den viele für den Ausdruck einer Wesenseinsicht in die Verfassung menschlicher Subjektivität zu verstehen geneigt sind. Nach Wittgenstein ist er jedoch »vergleichbar dem: ›Patience spielt man allein.‹« (PU 248). Auch im Falle des Satzes »Patience spielt man allein« *könnte* man natürlich sagen, dass er eine Einsicht in das Wesen eines bestimmten Kartenspiels artikuliere. Doch dazu wird man sich vermutlich weniger leicht verleiten lassen, sondern eher bereit sein zuzugestehen, dass er nichts anderes tut, als eine Regel, die für dieses Kartenspiel gilt, explizit zu formulieren. Ebenso verhält es sich nach Wittgenstein im Falle des Satzes »Empfindungen sind privat«, sagt er doch nichts weiter, als wie wir in unserer Sprache das ›Spiel‹ mit Empfindungsausdrücken spielen. Eine sachliche Einsicht über den besonderen Charakter von Empfindungen drückt er schon deshalb nicht aus, weil man das, was er in der Sache zu behaupten scheint, tatsächlich gar nicht wissen kann. Denn das »Wesentliche am privaten Erlebnis ist eigentlich nicht, dass jeder sein eigenes Exemplar besitzt, sondern dass keiner weiß, ob der Andere auch *dies* hat, oder etwas anderes« (PU 272).

Übersichtlichkeit, ›übersichtliche Darstellung‹

Wittgenstein will mit seinen grammatischen Betrachtungen, die er in den *Philosophischen Untersuchungen* anstellt, solche Sprachverwirrungen wie die Verwechslung von grammatischen Sätzen mit Sätzen, die über die Sache reden, natürlich vermeiden und zur Aufklärung der grammatischen Situation beitragen. Entsprechend sollen diese Betrachtungen im Blick auf die komplizierte, unübersichtliche Grammatik unserer Alltagssprache für Übersicht sorgen. Dieses Ziel lässt sich für Wittgenstein methodisch auf unterschiedliche Art und Weise erreichen. Manchmal lässt sich Übersicht unmittelbar, gleichsam schlaglichtartig durch gelungene Bilder oder erhellende Gleichnisse erzeugen, wie Wittgenstein sie gelegentlich erfunden hat. »Der Zweck des guten Ausdrucks & guten Gleichnisses ist« es ja, »augenblickliche Übersicht« zu erzeugen (Ms 112: 223), und zwar oft klarer und evidenter, als umständliche Argumentationsketten dies je leisten könnten. Zumeist aber verwendet Wittgenstein dazu eine Darstellungsform, die er als ›übersichtliche Darstellung‹ bezeichnet und von der er in den *Philosophischen Untersuchungen* schreibt: »Der Begriff der übersichtlichen Darstellung ist für uns von grundlegender Bedeutung. Er bezeichnet unsere Darstellungsform, die Art, wie wir die Dinge sehen« (PU 122).

Seit den frühen dreißiger Jahren hat sich Wittgenstein immer wieder Gedanken darüber gemacht, welche Merkmale und Eigenschaften diese Darstellungsform – *seine* Darstellungsform – aufweisen müsste, um tatsächlich größtmögliche Übersicht über philosophische Problemfelder zu erzeugen. In seinen Bemerkungen zu James George Frazers ethnologischem Klassiker *The Golden Bough. A Study in Magic and Religion* kommt er erstmals auf sie zu sprechen (Ms 110 sowie Ts 211, zusammen mit dem *Vortrag über Ethik* sind sie auch selbständig veröffentlicht worden). Er meinte nämlich, an der Art und Weise, wie Frazer in seinen ethnologischen Darstellungen vergleichbare Riten und Bräuche sogenannter primitiver Völker über Kulturen und Epochen hinweg zusammentrug, erkennen zu können, was eine überblickstiftende Darstellungsform als solche auszeichnet. Deren spezifische Qualität suchte er mittels eines Goethe-Zitats zu charakterisieren (Biesenbach 2014, 222), wenn er über Frazers Darstellungsweise schrieb: »›Und so deutet das Chor auf ein geheimes Gesetz‹ möchte man zu der Frazer'schen Tatsachensammlung sagen« (Ts 211: 321, Schulte 1990). Ein Chor, früher oft im Neutrum auch ›das Chor‹, ist eine spezifische Anordnung z. B. von Raum- und Bauelementen in der Architektur oder von Singstimmen in der Musik. Sie kann es als solche ermöglichen, etwas erfahrbar (fühlbar oder hörbar) zu machen, was im Falle einer andersartigen Anordnung der gruppierten Elemente unwahrnehmbar bliebe. Wenn Wittgenstein sagt, dass im Falle der Frazer'schen Tatsachensammlung ›das Chor auf ein geheimes Gesetz deute‹, will er also betonen, dass hier die spezifische Art und Weise der Präsentation des ethonologischen Materials etwas hervortreten lasse, was als das die Tatsachen bestimmende Gesetz – gleichsam die Idee, die hinter all den beschriebenen magischen und religiösen Handlungsweisen der Völker steht – betrachtet werden kann. »Dieses Gesetz, diese Idee« oder wie auch immer man das hier Hervorleuchtende bezeichnen mag, kann, wie Wittgenstein bemerkte, methodisch auf verschiedene Weise zur Darstellung gebracht werden: Man kann es »durch eine Entwicklungshypothese ausdrücken /darstellen/ oder auch, analog dem Schema einer Pflanze, durch das Schema einer religiösen Zeremonie, oder aber durch die Gruppierung des Tatsachenmaterials allein, in einer ›übersichtlichen‹ Darstellung« (ebd.).

Wittgenstein war von der Tatsache beeindruckt, dass *allein* durch die Art und Weise der Gruppierung von Tatsachenmaterial etwas zur Darstellung gebracht werden kann, was ohne diese unsichtbar bleibt. Eine mit Entwicklungshypothesen oder Schemata im Goethe'schen Sinne arbeitende Darstellungsform hat er für sich ausgeschlossen. Eine »historische Erklärung«, also eine »Erklärung als eine Hypothese der Entwicklung«, sei nämlich ebenso wie eine schematische Darstellung »nur *eine* Art der Zusammenfassung der Daten – ihrer Synopsis« und keineswegs alternativlos (ebd.). »Es ist ebensowohl möglich, die Daten in ihrer Beziehung zu einander zu sehen und in ein allgemeines Bild zusammenfassen, ohne es in Form einer Hypothese über die zeitliche Entwicklung« oder mithilfe eines Schemas zu tun (ebd.). Wenn das in einer übersichtlichen Darstellung *allein* durch die Anordnung des präsentierten Materials gelingt, verschafft sie Überblick und »Verständnis, welches darin besteht, dass wir die ›Zusammenhänge sehen‹« (PU 122), von denen wir vorher nicht einmal ahnten, dass sie zwischen bestimmten Daten herrschen.

Wittgensteins Album will eine solche übersichtliche Darstellung sein, kein linear argumentierendes Buch im klassischen Sinne. Es will mithilfe der in bestimmter Weise angeordneten Bemerkungen Bilder von philosophischen Problemlagen und sprachlichen Ausdrucksweisen so neben- und hintereinander stellen, dass uns – wie oftmals beim Betrachten von Bildern in einem Fotoalbum – Ähnlichkeiten und Unterschiede zwischen den dargestellten Phänomenen auffallen, die wir sonst nie beachtet hätten. »Daher die Wichtigkeit des Findens und Erfindens von *Zwischengliedern*« (ebd.), fügt er an der zitierten Stelle der *Untersuchungen*, die den Begriff der ›übersichtlichen Darstellung‹ behandelt, hinzu. Denn wenn man die Beziehungen zwischen bestimmten Bildern oder Phänomenen nicht sieht, ist es oft hilfreich, in die Darstellung ein Zwischenglied einzufügen. Manchmal springt dann ein vorher nicht beachteter Zusammenhang ins Auge. Anders als z. B. in der Ethnologie, in der wir erwarten, dass die als Zwischenglieder in eine Darstellung eingefügten Tatsachen authentisch und nicht etwa frei erfunden sind, ist eine übersichtliche Darstellung in der Philosophie nicht gezwungen, sich sklavisch an die Fakten zu halten.

Hier können die in das allgemeine Bild hypothetisch aus Verdeutlichungsgründen eingefügten Zwischenglieder durchaus auch erfunden sein, z. B. um einen bestimmten Zug von etwas deutlicher zu machen oder sein Abklingen in Übergangsformen zu zeigen.

»Ein hypothetisches Zwischenglied aber soll in diesem Falle nichts tun, als die Aufmerksamkeit auf die Ähnlichkeit, den Zusammenhang, der *Tatsachen* lenken. Wie wenn man eine interne Beziehung der Kreisform zur Ellipse dadurch illustrieren wollte [...], dass man eine Ellipse allmählich in einen Kreis überführt; *aber nicht um zu behaupten, dass eine gewisse Ellipse tatsächlich, historisch, aus einem Kreis entstanden wäre* (Entwicklungshypothese), sondern nur, um unser Auge für einen formalen Zusammenhang zu schärfen.« (Ts 211: 322)

Anders als das von Wittgenstein angesprochene allgemeine Bild, das die Beziehung zwischen Kreis und Ellipse zeigt, ist Wittgensteins Album als übersichtliche Darstellung sprachlich-philosophischer Zusammenhänge freilich tendenziell unübersichtlich, denn die Zusammenhänge zwischen den einzelnen Bemerkungen sind hier nicht unmittelbar zu überschauen. Deshalb wird die kompositorische Arbeit am ›Zur-Erscheinung-Bringen‹ der relevanten Aspekte durch eine passende Anordnung der Bemerkungen in ihrem Verhältnis zueinander für ihn zum entscheidenden Problem, welches er mit seiner eingangs beschriebenen Arbeitstechnik angeht. Dies führte ihn zu »Gestaltungsprozessen, die über ›gewöhnliche‹ philosophische Schreibprozesse hinausgehen und Vergleiche mit literarischen und künstlerischen Darstellungsformen ermöglichen« (Keicher 2008, 221). Wittgenstein scheint dies selbst so gesehen zu haben, wenn er seine »Stellung zur Philosophie« durch die Bemerkung zusammengefasst zu haben glaubte: »Philosophie dürfte man eigentlich nur *dichten*« (VB 28). Damit meinte er natürlich nicht, dass Philosophie eine Art poetischer Tätigkeit des Hervorbringens von Begriffen und Theorien, also gleichsam ›Begriffsdichtung‹ sei. Vielmehr wollte er damit vermutlich betonen, dass es in der Philosophie wie in der Dichtung nicht nur auf das ankommt, was gesagt wird, sondern auch und vor allem darauf, *wie* es gesagt wird: auf die Form der Zusammenstellung des Materials und der Wörter, auf den Stil, also auf die ästhetisch gelungene Gestaltung, die allein etwas sichtbar macht.

Wenn diese Deutung von Wittgensteins oft zitierter Bemerkung über den Zusammenhang von Dichtung und Philosophie zutrifft, dann wird auch verständlich, weshalb Wittgenstein hinzufügt, er habe sich »damit auch als einen bekannt, der nicht ganz kann, was er zu können wünscht« (ebd.). Denn mit der Anordnung seiner Bemerkungen zu einer von ihm selbst als definitiv betrachteten Textgestalt sollte er zu Lebzeiten nicht zum Schluss kommen.

Bedeutung

Dass jedes Wort einer natürlichen Sprache eine ihm zugeordnete ›Bedeutung‹ haben müsse, damit Verständigung möglich sei, ist eine in Philosophie und Alltag weithin geteilte und vorausgesetzte Selbstverständlichkeit. Darüber, was die ›Bedeutung‹ eines Wortes sei, wurden in der Geschichte der Philosophie unterschiedliche Theorien entwickelt. Oft wurde behauptet, dass die ›Bedeutung‹ der (innere oder äußere, abstrakte oder konkrete) Gegenstand sei, auf den ein Wort Bezug nimmt. Nicht weniger verbreitet ist die Auffassung, dass die ›Bedeutung‹ eines Wortes jener Sinngehalt sei, der einem vor Augen tritt, wenn man ein bestimmtes Wort höre oder lese. In den *Philosophischen Untersuchungen* kritisiert Wittgenstein diese beiden populären Bedeutungstheorien und wird deshalb häufig so verstanden, als habe er die Unzulänglichkeiten beider Theorien aufdecken und ihnen eine eigene Bedeutungstheorie entgegensetzen wollen, die viele Leser dann in Bemerkung 43 zu finden meinen. Man könne, heißt es dort, »für eine *große* Klasse von Fällen der Benützung des Wortes ›Bedeutung‹ – wenn auch nicht für *alle* Fälle seiner Benützung – dieses Wort so erklären: Die Bedeutung eines Wortes ist sein Gebrauch in der Sprache«. Angelehnt an diese Bemerkung meinen dann viele, dass Wittgenstein eine ›Gebrauchstheorie der Bedeutung‹ vertreten habe.

Wäre dies tatsächlich Wittgensteins Beitrag zu den bedeutungstheoretischen Debatten, die in der Geschichte der Sprachphilosophie geführt worden sind, wäre er allerdings nicht sonderlich originell. Denn eine Gebrauchstheorie der Bedeutung wurde im 18. Jahrhundert z.B. bereits von Johann Georg Hamann vertreten, was Wittgenstein, ein Leser Hamanns (Ms 183: 67 f.), wohl gewusst haben dürfte. Tatsächlich ist Wittgenstein, wie so oft, weit radikaler. Er kritisiert den Begriff der ›Bedeutung‹, der nach seiner Ansicht »aus einer primitiven philosophischen Auffassung der Sprache« (Ts 213: 25) herstammt, nämlich *als solchen* als philosophisch in die Irre führend. Nicht allein besondere Bedeutungstheorien weist er deshalb in den *Philosophischen Untersuchungen* zurück, vielmehr will er darüber hinaus zeigen, inwiefern bereits die ebenso selbstverständlich wie unverdächtig erscheinende Behauptung, ›jedes Wort hat eine Bedeutung‹, philosophisch zu Verwirrung führt.

Als Beispiel für eine solche primitive philosophische Auffassung der Sprache führt Wittgenstein in der ersten Bemerkung der *Untersuchungen* – aber auch schon früher an manchen Stellen seiner Schriften zu Beginn der dreißiger Jahre – eine Beschreibung an, die Augustinus in den *Confessiones* von der Art und Weise gegeben hat, wie er seine Muttersprache erlernt habe. Er selbst habe, schreibt Augustinus an der betreffenden Stelle, die Sprache als Kind dadurch gelernt, dass er Erwachsene Laute aussprechen und sich dabei zugleich durch Gebärden auf

Dinge beziehen sah. »Nannten die Erwachsenen irgendeinen Gegenstand und wandten sich dabei ihm zu«, schreibt er, »so nahm ich dies wahr und ich begriff, dass der Gegenstand durch die Laute, die sie aussprachen, bezeichnet wurde, da sie auf ihn hinweisen wollten« (PU 1). Dies nämlich sei »aus ihren Gebärden, der natürlichen Sprache aller Völker« (ebd.), zu entnehmen gewesen. So lernte er »nach und nach verstehen, welche Dinge die Wörter bezeichneten« (ebd.).

In dieser augustinischen Beschreibung des Lernens der Sprache sah Wittgenstein »ein bestimmtes Bild vom Wesen der menschlichen Sprache« zum Ausdruck gelangen, in dem er die »Wurzel« einer folgenreichen philosophischen Idee entdecken zu können meinte, der »Idee: Jedes Wort hat eine Bedeutung. Diese Bedeutung ist dem Wort zugeordnet. Sie ist der Gegenstand, für welchen das Wort steht« (PU 1). Diese Idee als Ganze bezeichnet Wittgenstein als den »philosophischen« (PU 2) oder auch »allgemeinen Begriff der Bedeutung« (PU 5). Von ihm sagt er, er sei »in einer primitiven Vorstellung von der Art und Weise, wie die Sprache funktioniert, zu Hause« (PU 2) und geeignet, »das Funktionieren der Sprache mit einem Dunst« zu umgeben, »der das klare Sehen unmöglich macht« (PU 5).

Unter dem Eindruck dieses Bedeutungsbegriffs ist man nämlich versucht, für jeden sprachlichen Ausdruck etwas zu suchen, was sich als die zugehörige Bedeutung verstehen lässt. Wenn man, wie Augustinus, »zunächst an Hauptwörter, wie ›Tisch‹, ›Stuhl‹, ›Brot‹, und die Namen von Personen« (PU 1) denkt, ist das natürlich unproblematisch, denn diese Wörter bedeuten tatsächlich etwas – Gegenstände oder Personen –, auf die man in dem Falle, dass diese Wörter jemandem unverständlich sein sollten, z. B. zeigen kann. Aber schon bei anderen Wörtern wie ›heute‹, ›nicht‹, ›aber‹, ›vielleicht‹, an die Augustinus im Zuge seiner Beschreibung des Spracherwerbs wohl gar nicht denkt, die freilich bei der Beschreibung des Funktionierens einer weniger primitiven Sprache als der von Augustinus dargestellten berücksichtigt werden müssten, wird dies schwieriger. Soll man hier behaupten, dass sie eine ›Bedeutung‹ haben, oder wäre es nicht weniger verwirrend zu sagen, dass sie bestimmte Funktionen in der Sprache haben? Nimmt man dann etwa noch in der Philosophie verwendete Wörter wie ›Wissen‹, ›Sein‹, ›Gegenstand‹, ›Ich‹, ›Satz‹, ›Name‹ dazu, leuchtet wahrscheinlich vollends ein, dass der Versuch, diesen Wörtern eine fest zugehörige ›Bedeutung‹ zuzuordnen, rasch zu Verwirrung und zu allerlei philosophischem Unfug führen wird, weil sie überhaupt keine feststehende Bedeutung (insbesondere keine gegenständlich fixierbare!) jenseits ihres Gebrauchs in der Alltagssprache haben. Darum ist es besser, auf so etwas wie eine mit universellem Geltungsanspruch auftretende These wie ›Jedes Wort hat eine im zugeordnete Bedeutung‹ ganz zu verzichten. Denn das ist nichts weiter als die ›Metaphysik des Wörterbuchs‹.

Man kann freilich auch ein ganz anderes Bild vom Wesen der menschlichen Sprache als Augustinus zeichnen und ihr Funktionieren auf eine Weise beschreiben, bei der von Bedeutung gar nicht die Rede ist. Dafür versucht Wittgenstein bereits in der ersten Bemerkung der *Untersuchungen* ein Beispiel zu geben, indem er eine Sprachverwendung beschreibt, bei der jemand mit einem Zettel zum Einkaufen geschickt wird, auf dem sich die »Zeichen: ›fünf rote Äpfel‹« (PU 1) befinden. Diesem Beispiel soll der Leser entnehmen, wie man mit Wörtern operieren könnte, ohne dass die Frage, was jedes Wort bedeutet, überhaupt aufkommt. Doch das ist, wie Wittgenstein wusste, schwierig zu verstehen, zu sehr werden wir von einem bestimmten (augustinisch geprägten) Bild vom Wesen der Sprache gefangen gehalten.

Es stimmt schon: In einer unverfänglichen, nicht an das augustinische Sprachbild gebundenen Art und Weise wird das Wort ›Bedeutung‹ natürlich in der Alltagssprache benutzt. Im Alltag fragt man ja oft nach der ›Bedeutung‹ von Wörtern, etwa angesichts der manchmal so manierierten Seltsamkeit eines philosophischen Wortgebrauchs oder in jenen alltäglichen Fällen, in denen man irgendein Wort nicht versteht. Wenn jemand wissen will, was in solchen Zusammenhängen mit ›Bedeutung‹ gemeint ist, dann ist es nach Wittgenstein, um Verwirrung durch irgendeine, nie auf alle Erscheinungen der Sprache passende Bedeutungstheorie zu vermeiden, am besten zu sagen: »›Die Bedeutung des Wortes ist das, was die Erklärung der Bedeutung erklärt‹« (PU 560), d. h. dasjenige, was gesagt wird, um dem nach der Bedeutung Fragenden eine befriedigende Antwort zu geben. In Bemerkung 560 der *Philosophischen Untersuchungen* verwendet Wittgenstein diesen Satz in Anführungszeichen als Selbstzitat. Denn er hat ihn in den Schriften der frühen dreißiger Jahre schon oft zur Beschreibung dessen gebraucht, was man im gewöhnlichen Sprachgebrauch mit dem Wort ›Bedeutung‹ meint. Er impliziert nach Wittgensteins Verständnis selbstverständlich *keine* neue Bedeutungstheorie, denn er spricht nur über den Gebrauch des Wortes ›Bedeutung‹ in der Alltagssprache – was man daran erkennt, dass Wittgenstein diesem Selbstzitat erläuternd hinzufügt: »D. h.: willst Du den Gebrauch des Wortes ›Bedeutung‹ verstehen, so sieh nach, was man ›Erklärung der Bedeutung‹ nennt« (ebd.).

In den meisten Fällen erklärt eine Bedeutungserklärung den Gebrauch eines Wortes in der Sprache. In den meisten, natürlich nicht in allen Fällen, wie in Bemerkung 43 der *Untersuchungen* betont wurde, denn wenn jemand sagt: ›Die Geburt meiner Tochter war für mich von großer Bedeutung‹, wäre es natürlich absurd, das, was hier mit ›Bedeutung‹ gemeint ist, mit ›Gebrauch in der Sprache‹ zu erläutern.

Sprachspiele

Die augustinische Beschreibung des Spracherwerbs führt in die Irre, weil sie ein allzu vereinfachtes Bild vom Funktionieren der menschlichen Sprache vermittelt. Man kann sich aber durchaus eine Sprache ausdenken, »für die die Beschreibung, wie Augustinus sie gegeben hat, stimmt: Die Sprache soll der Verständigung eines Bauenden A mit einem Gehilfen B dienen. A führt einen Bau auf aus Bausteinen; es sind Würfel, Säulen, Platten und Balken vorhanden. B hat ihm die Bausteine zuzureichen, und zwar nach der Reihe, wie A sie braucht. Zu dem Zweck bedienen sie sich einer Sprache, bestehend aus den Wörtern: ›Würfel‹, ›Säule‹, ›Platte‹, ›Balken‹. A ruft sie aus; – B bringt den Stein, den er gelernt hat, auf diesen Ruf zu bringen. – Fasse dies«, fordert Wittgenstein von seinem Leser, »als vollständige primitive Sprache auf« (PU 2).

Solche einfachen Sprachverwendungsweisen wie die beschriebene Sprache der Bauenden bezeichnet Wittgenstein mit einem berühmt gewordenen Ausdruck als ›Sprachspiele‹. Was er zu ihrer Charakterisierung in den *Philosophischen Untersuchungen* anführt, entbehrt nicht einer gewissen inneren Spannung. Zunächst erläutert er ›Sprachspiele‹ als minder komplexe Sprachverwendungsweisen als diejenigen, die erfahrene Sprecher einer natürlichen Sprache in der Alltagskommunikation benutzen, weshalb Wittgenstein zu ihrer Erläuterung sagt, man könne sich »denken, dass der ganze Vorgang des Gebrauchs der Worte in ([PU] 2) eines jener Spiele ist, mittels welcher Kinder ihre Muttersprache erlernen« (PU 7). Sie sind primitive, klare und einfache Sprachgebräuche, die von Wittgenstein im Zuge seiner Überlegungen oft erfunden werden, um als »*Vergleichsobjekte*« zu dienen, »die durch Ähnlichkeit und Unähnlichkeit ein Licht in die Verhältnisse unserer Sprache werfen sollen« (PU 130). Auf diese Weise sollen sie dazu beitragen, Übersicht über die Wortverwendungsweisen unserer komplexen Alltagssprache zu verschaffen. Man könne sie, wie er am Schluss von PU 2 betonte, durchaus als vollständige primitive Sprachen ansehen, sich also etwa denken, dass A und B im dargelegten Beispiel gar keine anderen Wortverwendungen kennen als die angeführten. Dies hatte er auch herausgestellt, als er in seinem Versuch einer deutschsprachigen Umarbeitung des *Braunen Buches* den Sprach-spiel-Begriff einführte, und schrieb, er betrachte »Sprachspiele nicht als die Fragmente einer Sprache« bzw. »eines Ganzen ›der Sprache‹, sondern als in sich geschlossene Systeme der Verständigung, als einfache, primitive, Sprachen« (Ms 115 II: 125).

Wenn man sich die zweite Erwähnung des Sprachspiel-Begriffs in den *Philosophischen Untersuchungen* anschaut, gewinnt man jedoch den Eindruck, Sprachspiele seien eben dies: Fragmente oder Segmente innerhalb des Ganzen einer komplexen natürlichen Sprache. Hier fragt Wittgenstein nämlich, wie viele Arten der Wort- und Satzverwendung es in einer Sprache gäbe und antwortet: »Es gibt *unzählige* solcher Arten: unzählige verschiedene Arten der Verwendung alles dessen, was wir ›Zeichen‹, ›Worte‹, ›Sätze‹ nennen. Und diese Mannigfaltigkeit ist nichts Festes, ein für allemal Gegebenes; sondern neue Typen der Sprache, neue Sprachspiele, wie wir sagen können, entstehen und andere veralten und werden vergessen« (PU 23). Dann führt er eine Liste von Beispielen an, die dem Leser helfen soll, sich »die Mannigfaltigkeit der Sprachspiele« (ebd.), die in einer natürlichen Sprache gespielt werden, vor Augen zu führen. Hier nur ein Auszug aus dieser Liste:

> »Befehlen und nach Befehlen handeln –[...]
> Berichten eines Hergangs –
> Über den Hergang Vermutungen anstellen –
> [...]
> Theater spielen –
> Reigen singen –
> Rätsel raten –
> Einen Witz machen; erzählen –
> [...]
> Bitten, Danken, Fluchen, Grüßen, Beten.« (Ebd.)

All dies sind unterschiedliche Sprachspiele, die die kompetenten Sprecher einer natürlichen Sprache wie dem Deutschen zu verschiedenen Zeiten und in unterschiedlichen Situationen spielen. Und je nachdem, in welchem Sprachspiel es verwendet wird, wird ein Wort verschieden – man könnte sagen: mit anderer Bedeutung – gebraucht, weshalb es meist zu Unsinn führt, wenn man ohne Beachtung des jeweiligen Sprachspiels nach Sinn und Bedeutung von Wörtern fragt. Denn offenkundig hat ein Wort wie ›Gott‹ im Sprachspiel des Grüßens mit den Worten ›Grüß Gott‹ einen gänzlich anderen Sinn als in einer Verwendung in einem Gebet oder in einem anderen Sprachspiel.

Wittgenstein fand es »interessant, die Mannigfaltigkeit der Werkzeuge der Sprache und ihrer Verwendungsweisen, die Mannigfaltigkeit der Wort- und Satzarten«, die sich an der Liste der Sprachspiele ablesen lässt, »mit dem zu vergleichen, was Logiker über den Bau der Sprache gesagt haben« (ebd.). Und dabei schloss er den »Verfasser der *Logisch-Philosophischen Abhandlung*« (ebd.) durchaus selbstkritisch ein, hatte er dort doch den Gebrauch sinnvoller Sprache auf eine Beschreibung möglicher Sachverhalte einschränken wollen.

Die Spannung zwischen der Verwendung des Wortes ›Sprachspiel‹ als Bezeichnung für eine vollständige primitive Sprache einerseits und für spezifische Wortverwendungsweisen, in die sich das Ganze einer komplexen Sprache segmentiert, andererseits ist in Wittgensteins Texten nicht auflösbar. Für beide Verwendungen finden sich zahlreiche Beispiele. Welche Verwendung des Wortes ›Sprachspiel‹ man aber auch für die primäre halten mag: Auf jeden Fall stellt dieses Wort den einzigen Neologismus dar, den Wittgenstein in die Sprache der Philosophie eingeführt hat. Er taucht ab 1933 in Wittgensteins Texten auf und löst im *Big Typescript*, in dem beide Begriffe verwendet werden, den Kalkül-Begriff ab, mit dem Wittgenstein zunächst unterschiedliche Wortverwendungsweisen mit den für sie geltenden Regeln bezeichnet hatte. Je weniger er die Sprache in den

Jahren des Übergangs zur Spätphilosophie aber aus der Sicht des Logikers betrachtete, umso deutlicher dürfte ihm geworden sein, das Wortverwendungsweisen in einer natürlichen Sprache gar nicht so strikt und gar nicht in jeder Hinsicht von Verwendungsregeln bestimmt sind wie etwa mathematische Kalküle. Mithilfe des Spielbegriffs konnte er dagegen Geregeltheit und Freiheit, die beide gleichermaßen zur Verwendung von Sprache gehören, zusammendenken.

Spiele haben Regeln, aber sie stellen manches auch immer der freien Entscheidung des Spielers anheim. So gibt es »keine Regel dafür z. B., wie hoch man im Tennis« beim Aufschlag »den Ball werfen darf, oder wie stark, aber Tennis ist doch ein Spiel und es hat auch Regeln« (PU 68), die – unter anderem – festlegen, wann ein Aufschlag als korrekt gilt und wann nicht. Nicht anders verhält es sich in der Sprache, wo es uns etwa frei steht, wie laut und nachdrücklich oder leise und ironisch wir bestimmte Worte in bestimmten Sprachspielen sagen, in denen es aber doch auch Regeln gibt, anhand derer man darüber entscheiden kann, ob eine bestimmte Wortverwendung beispielsweise noch als Grüßen gelten kann (oder bereits als Missachtung einer Person betrachtet werden muss). Die »Analogie der Sprache mit dem Spiel« (PU 83) geht nach Wittgenstein aber noch weiter. Viele, wenn natürlich auch nicht alle Spiele sind Formen sozialer Interaktion zwischen den daran Beteiligten. Gleiches gilt für Sprachspiele. Ein Sprachspiel ist etwas, »was in wiederholten Spielhandlungen in der Zeit besteht« (ÜG 519), und zu bestimmten Zeiten wird von den am Sprachspiel beteiligten Personen Bestimmtes erwartet. Wer mit anderen Worten grüßt als den in einer Kultur gängigen, gilt bald als Sonderling, oder es wird angenommen, er habe das gespielte Spiel nicht verstanden. Zudem sind die Züge, die die Sprecher einer Sprache in ihren Sprachspielen machen – in primitiven wie komplexen gleichermaßen –, jeweils mit Handlungen verwoben. Wörter und Sätze begleiten Handlungen und *sind* zugleich selbst

Handlungen, wie ein Blick etwa auf die Sprachspiele ›Bitten, Danken, Fluchen, Grüßen‹ und ›Beten‹ zeigt. Darum will Wittgenstein »auch das Ganze: der Sprache und der Tätigkeiten, mit denen sie verwoben ist, das ›Sprachspiel‹ nennen« (PU 7).

Familienähnlichkeiten

Wenn es stimmt, was Wittgenstein über die vielfältigen Sprachspiele, die von den Sprechern einer natürlichen Sprache gespielt werden, sagt: Sind natürliche Sprachen dann nichts anderes als Agglomerate von unterschiedlichen Sprachspielen? Gibt es in einer Sprache nicht vielleicht wesentliche Sprachspiele wie z. B. das Spiel des Tatsachen-Beschreibens im Unterschied etwa zum Sprachspiel des Fluchens, auf das eine Sprache eventuell auch verzichten kann? Und gibt es nicht irgendein Wesensmerkmal, das ein System der Zeichenverwendung zu einer Sprache im emphatischen Sinne macht? Wittgenstein hat durchaus gesehen, dass seine Art und Weise der Thematisierung von Sprache so wirken kann, als sei er solchen und ähnlichen Fragen aus dem Weg gegangen. Wie er natürlich wusste, könnte man ihm gegenüber einwenden:

> »»Du machst dir's leicht! Du redest von allen möglichen Sprachspielen, hast aber nirgends gesagt, was denn das Wesentliche des Sprachspiels, also der Sprache ist.
> Was allen diesen Vorgängen gemeinsam ist und sie zur Sprache, oder zu Teilen der Sprache macht. Du schenkst dir also gerade den Teil der Untersuchung, der dir selbst seinerzeit das meiste Kopfzerbrechen gemacht hat, nämlich den, die *allgemeine Form des Satzes* und der Sprache betreffend.‹«
> (PU 65)

Und dass er solche Wesensfragen in seiner Spätphilosophie nicht behandelt, gibt er durchaus zu. Freilich geschieht dies nicht, weil er ihnen in Ermangelung einer Antwort ausweicht, sondern weil er der Überzeugung ist, dass es so etwas wie ein Wesen des Sprachspiels oder der Sprache gar nicht gibt.

Die Auffassung, dass unterschiedlichen Erscheinungsformen einer Sache etwas gemeinsam sein müsse, »weswegen wir für alle das gleiche Wort verwenden« (ebd.) – ein sogenanntes ›Wesensmerkmal‹ –, bezeichnet man in der Philosophie als ›Essentialismus‹. Der späte Wittgenstein ist in der Philosophie des 20. Jahrhunderts sein schärfster Kritiker und fixer Bezugspunkt für alle anti-essentialistischen Positionen, die in der Philosophie seither vertreten worden sind. Denn Wittgenstein meint, dass auch der Essentialismus sich einer Verblendung des Denkens durch die Sprache verdanke, weil er sich schlicht aus der Tatsache speise, dass wir denken, allem, was mit demselben Wort bezeichnet werde, *müsse* doch auch etwas gemeinsam sein. Diese Überzeugung wurde dem europäischen Denken seit der sokratischen Erfindung des Essentialismus in Platons Dialogen sozusagen eingebläut, und deshalb ist von ihr so schwer loszukommen. Wittgenstein will demgegenüber einsichtig machen, dass unterschiedlichen Phänomenen, z. B. »allem, was wir Sprache nennen, […] gar nicht Eines gemeinsam« sein muss, »– sondern sie sind mit einander in verschiedenen Weisen *verwandt*« (ebd.).

Wittgenstein demonstriert dies in den *Philosophischen Untersuchungen* anhand der Vielfältigkeit dessen, was man im Deutschen als ›Spiele‹ bezeichnet: etwa »Brettspiele, Kartenspiele, Ballspiele, Kampfspiele, u. s. w. Was ist allen diesen gemeinsam?« (PU 66). Wenn man sich nicht blenden lässt und sagt: »Es *muss* ihnen etwas gemeinsam sein, sonst hießen sie nicht ›Spiele‹« (ebd.), dann werde man *sehen*, dass es ein gemeinsames Wesensmerkmal aller Spiele gar nicht gibt. Was man bei genauem Hinsehen gewahre, sei vielmehr »ein kompliziertes Netz

Familienähnlichkeiten

von Ähnlichkeiten, die einander übergreifen und kreuzen. Ähnlichkeiten im Großen und Kleinen« (ebd.), die Wittgenstein als »Familienähnlichkeiten« (PU 67) bezeichnet. Und dieses Netz von Ähnlichkeiten reiche aus, um manch Vergleichbares, aber in keiner Hinsicht Identisches mit ein und demselben Wort zu bezeichnen.

Wenn Wittgenstein ein solches Netz von mehr oder weniger eng mit einander in Beziehung stehenden Ähnlichkeiten ohne Identitätskern als ›Familienähnlichkeiten‹ bezeichnet und sie dem traditionellen Wesensbegriff entgegenstellt, denkt er bei ›Familie‹ nicht an eine geschlossene genetische Einheit, sondern an eine Familie, wie man sie häufig auf Familienfotos sieht, auf denen mehrere Generationen versammelt sind. Hier sieht man wohl Ähnlichkeiten, »die zwischen Gliedern einer Familie bestehen: Wuchs, Gesichtszüge, Augenfarbe, Gang, Temperament, etc., etc.« (ebd.), aber es ist kein einziges Merkmal *allen* gemeinsam, schon weil in Familien immer neue Familienmitglieder einheiraten, die mit den anderen nicht in einem genetischen Zusammenhang der Abstammung stehen. Und doch sieht man auf dem Foto, dass es sich um ›die Wittgensteins‹, nicht um ›die Müllers‹ oder ›die Meiers‹ handelt...

Auch die ›Spiele‹, ebenso wie die ›Sprachen‹ oder die ›Sprachspiele‹, »bilden eine Familie« (ebd.) in diesem zweiten, nicht genetischen Sinn. Man erkennt in Kernbereichen ohne Schwierigkeiten, wer oder was dazu gehört und wer oder was nicht, und wird vermutlich kaum bezweifeln, dass ›Handball‹ ein Spiel ist, welches mit ›Fußball‹ nahe verwandt und auch mit ›Tennis‹ durchaus noch vergleichbar ist. In Grenzfällen wird man dagegen manchmal zweifeln, etwa wenn man sich fragt, ob man ›Russisch Roulette‹ wirklich noch ein ›Spiel‹ nennen soll, obwohl auch dabei Ähnlichkeiten mit Spielen wie ›Patience‹ oder ›Würfeln‹ nicht zu verkennen sind. All diese Begriffe – ›Spiel‹, ›Sprachspiel‹, ›Sprache‹, ja so gut wie alle Wörter, die wir in den Sprachspielen des Alltags verwenden – sind Begriffe »mit verschwommenen Rändern« (PU 71), bei denen es in Einzelfällen immer Diskussionen darüber geben kann, was noch unter einen Begriff fällt und was nicht. Ein Wesensmerkmal, das eine Entscheidung nach bestimmten Kriterien ermöglichte, existiert im Falle der meisten Begriffe, die wir in einer natürlichen Sprache verwenden, nicht. Nur bei exakt definierbaren Begriffen, wie sie z. B. in der Mathematik vorkommen, ist dies in Einzelfällen anders.

Lebensformen

Die Sprachspiele, die von den Sprechern einer Sprache gespielt werden, begleiten Handlungen und sind oft selbst Handlungen oder deren Teile, und insofern sind sie mit dem Leben der Sprecher eng verbunden. Wittgenstein betont dies, wenn er in den *Philosophischen Untersuchungen* schreibt, sich »eine Sprache vorstellen heißt, sich eine Lebensform vorstellen« (PU 19). Dies soll auch das Wort ›Spiel‹ im Kompositum »›Sprachspiel‹ [...] hervorheben, dass das *Sprechen* der Sprache ein Teil ist einer Tätigkeit, oder einer Lebensform« (PU 23). Viele Interpreten vertreten die Auffassung, dass dem Ausdruck ›Lebensform‹ in Wittgensteins Spätphilosophie eine ebenso grundlegende Rolle zukomme wie dem Ausdruck ›Sprachspiel‹. Doch wird diese Auffassung bereits durch die Tatsache zweifelhaft gemacht, dass er in den *Philosophischen Untersuchungen* relativ selten vorkommt. Während das Wort ›Sprachspiel‹ von Wittgenstein sehr häufig verwendet wird, kommt der Ausdruck ›Lebensform‹ im Hauptteil des Buches nur drei Mal vor (PU 19, 23 und 241). Zwei weitere Erwähnungen finden sich im ehemals sogenannten ›Teil II‹ der *Untersuchungen*, der jedoch, wie mehrfach schon betont, nicht zu diesem Werk gehört.

Was ist also eine ›Lebensform‹ für den späten Wittgenstein und welche Rolle spielt sie für sein Verständnis vom Funktionieren der menschlichen Sprache? Da Wittgenstein sein Verständnis von ›Lebensform‹ nirgends erläutert hat, stellt dieser Ausdruck die Interpreten vor erhebliche Deutungsprobleme. Als Standardinterpretation hat sich bei vielen Interpreten die Auffassung durchgesetzt, Lebensformen seien als die sozialen und kulturellen Systeme zu verstehen, in welche eine besondere Sprache samt ihrer Sprecher jeweils eingebettet seien (von Savigny 1999, 136). Die Lebensform der Hopi-Indianer in Nordamerika unterscheidet sich ja z. B. von derjenigen der Westeuropäer, und das scheint auch die Unterschiedlichkeit der von beiden Gruppen gesprochenen Sprachen, die Verschiedenheit der in ihnen vorkommenden Sprachspiele, verständlich zu machen. Dies habe Wittgenstein sagen wollen, wenn er in PU 19 betone, dass man sich eine spezifische Lebensform vorstellen müsse, wenn man sich eine Sprache in ihrer jeweiligen Besonderheit vorstellen wolle.

Diese zunächst plausibel klingende Deutung von Lebensformen als Sprachen einbettende sozio-kulturelle Systeme wird freilich weder von anderen Wittgenstein'schen Verwendungen des Ausdrucks ›Lebensform‹ im Nachlass noch durch Bemerkungen gestützt, in denen er tatsächlich darüber nachdenkt, worin bestimmte Ausdrücke unserer Sprache eingebettet seien. Letzteres unternimmt er mehrfach im Blick auf das, was er ›psychologische Begriffe‹ nennt – Begriffe, die wie ›Hoffnung‹, ›Glaube‹ oder ›Kummer‹ auf Zustände oder Vorgänge in der Psyche des Menschen Bezug zu nehmen scheinen. Bei der Diskussion solcher Begriffe habe er »den Ausdruck ›eingebettet‹ gebraucht, gesagt, die Hoffnung, der Glaube, etc. sei im menschlichen Leben, in allen Situationen und Reaktionen, die das menschliche Leben ausmachen, eingebettet« (BPP II: 16). Doch hat er in solchen Kontexten, wo man es der Standardinterpretation zufolge erwarten sollte, *niemals* von ›Lebensformen‹ gesprochen.

Zudem erhält man im Nachlass dort, wo Wittgenstein tatsächlich über unterschiedliche Sprachen in interkultureller Perspektive spricht, einen ganz anderen Hinweis darauf, was er mit

›Lebensform‹ gemeint hat. »Kämen wir in ein fremdes Land mit fremder Sprache & fremden Sitten,« schreibt er einmal, »so wäre es [...] in manchen Fällen leicht, eine Sprach- & Lebensform zu finden [...], die wir Befehlen & Befolgen zu nennen hätten, vielleicht aber besäßen sie keine Sprach- & Lebensform, die ganz unserm Befehlen etc. entsprächen. So wie es vielleicht ein Volk gibt, das [...] keine unserm *Gruß* entsprechende Lebensform besitzt. /das nichts unserm *Grüßen* entsprechendes besitzt/« (Ms 165: 110 f.). Hier werden das ›Befehlen‹ und das ›Befolgen von Befehlen‹ sowie der ›Gruß‹ bzw. – in einer von Wittgenstein erwogenen Textvariante – das ›Grüßen‹ ausdrücklich als Sprach- und Lebensformen bezeichnet. Und dies zeigt, dass er mit ›Lebensform‹ etwas gänzlich anderes gemeint hat, als die Vertreter der Standardinterpretation gewöhnlich annehmen.

Was er wohl gemeint hat, wird klar, wenn man zudem darauf aufmerksam wird, dass Wittgenstein in einer anderen Version einer Bemerkung, in der von ›Lebensform‹ die Rede ist, statt »Lebensform« (Ms 144: 1) auch »Lebensmuster« (LSPP 365) schreibt. Dann erkennt man nämlich, dass ›Lebensform‹ im Sprachgebrauch des späten Wittgenstein nichts anderes als ›Lebensmuster‹ meint (Majetschak 2010).

Als »Lebensmuster« (BPP II: 652, 672 u. ö.) hat Wittgenstein in seinen späten Bemerkungssammlungen zur Philosophie der Psychologie mehrfach Regelmäßigkeiten sprachlichen und nicht-sprachlichen Handelns bezeichnet, die mit gewissen Variationen im Leben der Menschen wiederkehren, von ihnen als zusammengehörige Einheiten aufgefasst und darum mit einem Wort benannt werden. Wenn wir uns in unserer sozialen Lebenswelt orientieren, stellen wir ja, wie Wittgenstein sagt, »Verschiedenes zu einer ›Gestalt‹ (Muster) zusammen« (BPP II: 651) und benennen dieses Muster dann mit einem Wort, um auf eine spezifische Konstellation von Vollzügen sprachlichen und nicht-sprachlichen Handels erneut Bezug nehmen zu können. »Kummer« ist für Wittgenstein ein Beispiel für ein solches »Muster,

das im Lebensteppich mit verschiedenen Variationen wiederkehrt« (Ms 144: 1). Ein anderes ist ›Hoffnung‹, das auf die gleiche Weise als eine konstante Sprach- und Lebensform ins
menschliche Leben eingelassen ist. Ebenso, wie wir ›Kummer‹
jemandem nicht bzw. nicht allein auf Grund seines inneren Zu-
standes zuschreiben, sondern vor allem, weil er bestimmte Ver-
haltensweisen zeigt, gewisse Äußerungen tut etc., ebenso sagen wir, dass jemand ›hoffnungsvoll‹ sei, wenn sein sprach-
liches und nicht-sprachliches Handeln eine bestimmte Form
bzw. ein wiedererkennbares Muster erkennen lässt. ›Grüßen‹
ist, wie eben erwähnt, für Wittgenstein ein weiteres Beispiel für
eine Lebensform in diesem Sinn. Denn auch in diesem Falle
prägen das Aussprechen bestimmter Wörter wie beispielsweise
›Guten Tag‹ oder ›Hallo‹ sowie der Vollzug gewisser Handlungsweisen (Winken, die Hand reichen und anderes) ein bestimmtes
Muster aus, welches es nach Wittgensteins Ansicht nicht in allen Gesellschaften in derselben Weise zu geben braucht.

Solche Formen oder Muster – gleichgültig, wie man es bezeichnen will – muss man kennen, will man verstehen, was
Sprecher einer Sprache mit ihren Worten und Sätzen wirklich
tun. Ohne die jeweilige Lebensform zu kennen, steht man nämlich stets in der Gefahr, das, was in einem Sprachspiel gesagt
und getan wird, gründlich zu missdeuten. Wer etwa mit den
Worten ›Grüß Gott‹ grüßt, fordert sein Gegenüber nicht auf,
einer erfahrungstranszendenten Person Höflichkeiten auszu-
richten. So deutet diese Worte nur jemand, der das Sprachspiel
missversteht, weil er mit der Lebensform des ›Grüßens‹ nicht
vertraut ist oder weil ihm die Übersicht darüber fehlt, wie viel-
fältig die Möglichkeiten sind, über die wir verfügen, wenn wir
das Spiel des ›Grüßens‹ spielen. Denn dass dieses Sprachspiel
nicht nur mit den Äußerungen ›Hallo‹ oder ›Guten Tag‹ gespielt
werden kann, muss man wissen. Solche Missdeutungen kommen auch in der Philosophie oft vor, wenn wir die Sprachspiele,
die mit Wörtern wie ›Denken‹, ›Verstehen‹ oder ›Geist‹ wirklich

im Leben gespielt werden, auf ähnlich absurde Weise missdeuten und sie auf ›innere Vorgänge‹ und Bewusstseinszustände beziehen. Da Wittgenstein sich mit den Themen ›innere Vorgänge‹ und ›Bewusstseinszustände‹ besonders in seinen umfangreichen Manuskripten und Typoskripten beschäftigt, die er in den letzten Lebensjahren nach Abschluss der *Philosophischen Untersuchungen* geschrieben hat, soll dazu erst an späterer Stelle etwas mehr gesagt werden.

Hier gilt es im Interesse einer angemessenen Interpretation des Lebensformbegriffs der *Philosophischen Untersuchungen* zunächst festzuhalten, dass ›sich eine Sprache vorstellen‹ für Wittgenstein heißt, sich vorstellen, was für die Menschen, die sie sprechen, eine rekurrente Lebensform bzw. ein feststehendes Lebensmuster aus zusammengehörigen Handlungs- und Redeweisen bildet. Denn das *Sprechen* einer Sprache – das will das Wort ›Sprachspiel‹ hervorheben – ist ein Teil einer Tätigkeit, oder anders ausgedrückt: Teil einer Lebensform, zu der neben dem Aussprechen bestimmter Worte auch bestimmte Handlungsweisen gehören.

Einer Regel folgen

Sprachspiele sind mit Lebensformen verbunden und werden, wie das Spiel des Grüßens, nach bestimmten Regeln gespielt, ohne freilich »überall von Regeln begrenzt« (PU 84) zu sein. Manches bleibt, wie bei gewöhnlichen Spielen auch, dem jeweiligen Sprecher überlassen. Doch lässt sein Sprechen im Normalfall hinreichend Regelmäßigkeiten erkennen, so dass man sagen wird, dass er dabei einer Regel folgt. Freilich ist es nicht ganz leicht, genau zu sagen, was man mit »›die Regel, nach der er vorgeht‹« (PU 82), meint. Hier gibt es mehrere Möglichkeiten, z. B.: »Die Hypothese, die seinen Gebrauch der Worte, den wir beobachten, zufriedenstellend beschreibt; oder die Regel, die er beim Gebrauch der Zeichen nachschlägt; oder, die er uns zur Antwort gibt, wenn wir ihn nach seiner Regel fragen« (ebd.). Eine allgemeine Antwort, die vom jeweiligen Einzelfall absieht, scheint es nicht zu geben. Und es gibt zudem ja auch den Fall, dass die Beobachtung eines Sprachgebrauchs »keine klare Regel erkennen lässt« (ebd.), und auch den, dass wir die Regeln im Zuge des Spielens »abändern«, also »den Fall, wo wir spielen und – ›make up the rules as we go along‹« (PU 83).

In den beiden letztgenannten Fällen wird man das Sprechen der Sprache kaum als ein regelgeleitetes Vorgehen darstellen können. In den Fällen, in denen dies näherliegend erscheint, schlägt Wittgenstein unter Verwendung eines Bildes vor, die unser Sprachspiel bestimmende Regel (bzw. die Regeln) mit einem Wegweiser zu vergleichen. Denn jeder Regelausdruck – ›Patience spielt man allein‹ ebenso wie ›Addiere +2‹ – »steht da, wie ein Wegweiser« (PU 85) am Straßenrand, legt uns das Gehen bestimmter Schritte nahe und schließt andere aus. Er weist den Weg, doch schließt er, wie andere Regeln auch, natürlich nicht sämtliche Möglichkeiten des Zweifels hinsichtlich der zu gehenden Richtung aus. Manchmal kann man die Richtung, in die er zeigt, ja auf verschiedene Weise verstehen. Und so zweifelt man dann vielleicht, wie man gehen muss: »ob der Straße nach, oder dem Feldweg, oder querfeldein?« (ebd.). Zudem muss man mit bestimmten Konventionen vertraut sein, sonst hilft der Wegweiser nicht weiter. Denn dass man ihm in Richtung der Pfeilspitze folgt und nicht umgekehrt, muss einem überhaupt erst einmal bekannt sein. Ein unaufhebbarer Rest an möglicher Unsicherheit, wohin eine als Wegweiser gedachte Regel tatsächlich weist, ist unvermeidlich, schon weil wir nicht zu jeder gegebenen Regel eine weitere Regel haben, die uns sagt, wie erstere zu verstehen und anzuwenden ist. Doch das ist auch gar nicht nötig, denn wie Wittgenstein schreibt: »Der Wegweiser ist in Ordnung, – wenn er, unter normalen Verhältnissen, seinen Zweck erfüllt« (PU 87). Wenn er uns normalerweise ans Ziel führt, denken wir gar nicht daran, dass wir ihn prinzipiell auch anders hätten deuten können.

Freilich sollte man sich von der prinzipiellen Deutungsoffenheit jeder Regel nicht dazu verleiten lassen, das, was ›einer Regel folgen‹ heißt, grundsätzlich als ein Deuten von Zeichen darzustellen. Denn dieser philosophischen Versuchung nachzugeben, ist geeignet, in eine paradoxe Situation zu führen, die unsere Fähigkeit zur Regelbefolgung unverständlich erscheinen lässt. Wittgenstein macht dies am Beispiel einer Unterrichtssituation klar, in der ein Schüler lernen soll, durch die Befolgung einfacher mathematischer Regeln wie ›+1‹ oder ›+2‹ Zahlenreihen zu erzeugen. Der Schüler habe, so nimmt der Lehrer an, allem Anschein nach die Regel ›+2‹ zu befolgen gelernt.

»Wir hätten unsre Übungen und Stichproben seines Verständnisses im Zahlenraum bis 1000 gemacht.
Wir lassen nun den Schüler einmal eine Reihe (etwa ›+2‹) über 1000 hinaus fortsetzen, – da schreibt er: 1000, 1004, 1008, 1012.
Wir sagen ihm: ›Schau, was du machst!‹ – Er versteht uns nicht. Wir sagen: ›Du sollst doch *zwei* addieren; schau, wie du die Reihe begonnen hast!‹ – Er antwortet: ›Ja! Ist es denn nicht richtig? Ich dachte, so *soll* ich's machen.‹ —
Oder nimm an, er sagte, auf die Reihe weisend: ›Ich bin doch auf die gleiche Weise fortgefahren!‹ – Es würde uns nun nichts nützen, zu sagen ›Aber siehst du denn nicht....?‹ – und ihm die alten Erklärungen und Beispiele wiederholen. – Wir könnten in so einem Falle etwa sagen: Dieser Mensch versteht von Natur aus jenen Befehl, auf unsere Erklärung hin, so wie *wir* den Befehl: ›Addiere bis 1000 immer 2, bis 2000 4, bis 3000 6, etc.‹« (PU 185)

Und er könnte sich sogar auf den Standpunkt stellen, *seiner* Deutung zufolge sei die als Handlungsanweisung gegebene Regel ursprünglich auch *so* gemeint gewesen. Denn – das ist der Punkt, um den es geht – *jede* Fortsetzung könnte mithilfe einer passenden Erläuterung als Übereinstimmung mit der Regel oder als Widerspruch gegen sie gedeutet werden.

Deshalb drängt sich die Frage auf: »›Aber wie kann mich eine Regel lehren, was ich an *dieser* Stelle«, d. h. an einem beliebigen Punkt in der Fortsetzung einer Reihe, »zu tun habe? Was immer ich tue, ist doch durch irgendeine Deutung mit der Regel zu vereinbaren‹« (PU 198). Woraufhin Wittgenstein antwortet: »Nein, so sollte es nicht heißen. Sondern so: Jede Deutung hängt, mitsamt dem Gedeuteten, in der Luft; sie kann ihm nicht als Stütze dienen. Die Deutungen allein bestimmen die Bedeutung« der jeweiligen Regel »nicht« (ebd.). Es muss vielmehr eine öffentliche, soziale Praxis des Handelns nach der Regel geben, die allein aus dem Streit der Deutungen herausführen kann, weil sie den Maßstab dafür abgibt, ob eine einzelne Handlungsweise jeweils als der Regel gemäß oder ihr widersprechend aufgefasst werden kann. Wittgenstein will also sagen – um im Bild zu bleiben –, »dass sich Einer nur insofern nach einem Wegweiser richtet, als es einen ständigen Gebrauch, eine Gepflogenheit, gibt« (ebd.), wie dies zu geschehen hat. Sonst könnte man unendlich – und übrigens bei jedem auf dem Weg vorkommenden Wegweiser erneut – darüber diskutieren, ob man ihm in Pfeilrichtung oder entgegengesetzt folgen soll. Aber man tut dies nicht, denn im Zuge der Einübung in eine kulturelle Praxis ist man »abgerichtet« (ebd.) worden, auf den Wegweiser oder irgendeinen anderen Regelausdruck in bestimmter Weise zu reagieren, wie man z. B. daran erkennen kann, wie Kinder die Grundzahlenreihen und das Einmaleins erlernen. Man diskutiert nicht mit ihnen, welche Schritte an jeder Stelle einer Regelbefolgung potentiell möglich und regelkonform sind, versucht also nicht, ihnen bestimmte

Deutungen der Regelausdrücke argumentativ nahezulegen, sondern setzt schlicht die Regelbefolgungspraxis unseres Rechnens im Unterricht durch.

Weil das Bestehen einer solchen Praxis der Hintergrund ist, vor dem eine bestimmte Handlungsweise allein als ein Akt einer Regelbefolgung erscheinen kann, stellt Wittgenstein fest: »Es kann nicht ein einziges Mal nur ein Mensch einer Regel gefolgt sein. Es kann nicht ein einziges Mal nur eine Mitteilung gemacht, ein Befehl gegeben, oder verstanden worden sein, etc. – Einer Regel folgen, eine Mitteilung machen, einen Befehl geben, eine Schachpartie spielen sind *Gepflogenheiten* (Gebräuche, Institutionen)« (PU 199). Wenn ich in sie eingeführt worden bin – und wohlgemerkt: was die basalen Gebräuche einer Sprachgemeinschaft betrifft, wird diese Einführung stets ein Prozess der Abrichtung sein –, dann impliziert meine Reaktion auf einen Regelausdruck, z. B. wenn ich mich an einem Wegweiser orientiere, keine bewussten Deutungsprozesse. »Wenn ich der Regel folge,« heißt dies, »wähle ich nicht« zwischen Deutungen: »Ich folge der Regel *blind*« (PU 219).

In Bemerkung 202 der *Philosophischen Untersuchungen* resümiert Wittgenstein seine Überlegungen zur Frage, was Regelbefolgung heiße, mit den Worten: »Darum ist ›der Regel folgen‹ eine Praxis. Und der Regel zu folgen *glauben* ist nicht: der Regel folgen. Und darum kann man nicht der Regel ›privatim‹ folgen, weil sonst der Regel zu folgen glauben dasselbe wäre, wie der Regel folgen.« Eine private Praxis des Regelbefolgens ist tatsächlich undenkbar. Denn privat hat niemand ein Kriterium, das es ihm zu entscheiden erlaubt, ob er bei jeder Reaktion auf einen Regelausdruck dasselbe oder etwas anderes tut als bei vorhergehenden Akten der Befolgung. Er kann also gar nicht unterscheiden, ob er wirklich der Regel folgt oder dies nur zu tun glaubt. An dieser Stelle berühren sich Wittgensteins Überlegungen zur Regelbefolgungsthematik mit seinem berühmten ›Privatsprachenargument‹.

Privatsprache

Kaum ein Thema, das Wittgenstein in den *Philosophischen Untersuchungen* behandelt, hat bei den Interpreten so viel Aufmerksamkeit erregt wie das sogenannte ›Privatsprachenargument‹, welches die Unmöglichkeit einer privaten Sprache behauptet. Das ist in gewisser Weise überraschend, denn wenn man sich fragt, was Wittgenstein unter einer solchen Sprache versteht, bemerkt man – worauf schon Anthony Kenny (1989, 28 f.) hinwies – sehr rasch, dass in der Geschichte der Philosophie wohl kaum jemand eine solche Sprache ausdrücklich für möglich gehalten hat. Eine private Sprache, deren Möglichkeit Wittgenstein leugnet, ist nicht dasselbe wie eine (wenigstens potentiell) öffentliche Sprache, die nur privat, z. B. nur monologisch, gebraucht wird. Nach Wittgenstein könnte man sich nämlich sehr wohl »Menschen denken, die nur monologisch sprächen. Ihre Tätigkeiten mit Selbstgesprächen begleiteten« (PU 243), doch niemals dialogisch mit anderen Personen sprächen. Diese Praxis wäre uns gewiss sehr fremd, aber sie wäre als stets privater Gebrauch ihrer Sprache durchaus denkbar. »Einem Forscher, der sie beobachtet und ihre Reden belauscht, könnte es gelingen, ihre Sprache in die unsere zu übersetzen« (ebd.). Eine Privatsprache, wie Wittgenstein sie für undenkbar hält, ist auch nicht eine zum Reden über Privates verwendete öffentliche Sprache, »in der Einer seine inneren Erlebnisse – seine Gefühle, Stimmungen, etc. – für den eigenen Gebrauch« (ebd.) oder den anderer niederschreibt. Denn Schriftsteller tun dies ja, wenn sie beispielsweise in Form von inneren Monologen die psychische Welt literarischer Charaktere darstellen, und zwar »in unserer gewöhnlichen Sprache« (ebd.). Die private Sprache, deren Möglichkeit Wittgenstein leugnet, ist vielmehr dadurch ausgezeichnet, dass sich die »Wörter dieser Sprache [...] auf das beziehen, wovon nur der Sprecher wissen kann; auf seine unmittelbaren, privaten, Empfindungen. Ein Anderer kann diese Sprache also nicht verstehen« (ebd.).

Tatsächlich haben eine in dem Sinne private Sprache, dass nur ihr Sprecher die Bedeutung der Wörter kennen kann, weil sie sich auf seine privaten Empfindungen (oder sonstige subjektive Gegebenheiten in seinem Bewusstsein) beziehen, wohl nur der junge Wittgenstein selbst und Bertrand Russell eine Zeitlang für möglich gehalten. Insofern dürfte das Privatsprachenargument in den Kontext von Wittgensteins (Selbst-)Kritik an einer Philosophie der idealen Sprache gehören, wie er sie in seiner Frühphilosophie und Russell sie mindestens zwischen 1910 und 1920 vertreten hat. Denn wie Russell ausdrücklich bemerkte, würde eine »logisch perfekte Sprache [...], wenn sie konstruiert werden würde, [...] in bezug auf ihren Wortschatz weitgehend die Privatsprache des Sprechers« sein (Russell 1979, 197, Majetschak 2004). Wie Wittgenstein nun deutlich sieht, würde eine so verstandene ›Sprache‹ diesen Namen allerdings nicht verdienen. Denn unter der beschriebenen Voraussetzung, dass allein der Sprecher dieser Sprache ihre Wörter versteht, könnte er gar nicht wissen, ob er sich mit ihnen immer auf dasselbe oder jedes Mal auf etwas anderes bezieht, oder anders ausgedrückt: mit Blick auf die semantischen Regeln, die für den Gebrauch dieser Wörter gelten, könnte er gar nicht unterscheiden, ob er diesen Regeln in jedem Einzelfalle wirklich folgt oder nur zu folgen glaubt. Es wäre also möglich, dass er sich mit ein und demselben Wort in jedem neuen Anwendungsfall stets auf etwas anderes bezieht. Und einen solchen, zumindest potentiell wirren Zeichengebrauch würde man wohl kaum als das ›Sprechen einer Sprache‹ bezeichnen.

In den *Philosophischen Untersuchungen* macht Wittgenstein dies an einem Beispiel deutlich. »Stellen wir uns diesen Fall vor«, schreibt er: »Ich will über das Wiederkehren einer gewissen Empfindung ein Tagebuch führen. Dazu assoziiere ich sie mit dem Zeichen ›E‹ und schreibe in einem Kalender zu jedem Tag, an dem ich die Empfindung habe, dieses Zeichen« (PU 258). Auf den ersten Blick scheint dieses Vorhaben gänzlich unproblematisch zu sein. Es sieht ja so aus, als müsse man der in Frage stehenden Empfindung nur mit konzentrierter Aufmerksamkeit einmal das Zeichen ›E‹ zuordnen und sich diese Verbindung des Zeichens mit ihr einprägen. Aber woher und wie weiß man, wenn zu einem späteren Zeitpunkt erneut irgendeine Empfindung auftaucht, dass man *sie* – und nicht irgendeine andere – seinerzeit ›E‹ genannt hat? Und woher weiß man überhaupt an diesem späteren Zeitpunkt, was das Zeichen ›E‹ bedeutet? Sich die Verbindung von Zeichen und Empfindung bei ihrem erstmaligen Auftauchen einzuprägen »kann doch nur heißen: dieser Vorgang bewirkt, dass ich mich in Zukunft *richtig* an die Verbindung erinnere. Aber in unserem Falle habe ich ja kein Kriterium für die Richtigkeit. Man möchte hier sagen: richtig ist, was immer mir als richtig erscheinen wird. Und das heißt nur, dass hier von ›richtig‹ nicht geredet werden kann« (ebd.).

Derjenige, der zu irgendeinem Zeitpunkt ›E‹ in seinen Kalender schreibt, hat sich so besehen eigentlich gar nichts notiert. Denn das Zeichen kann in jedem einzelnen Falle seiner Niederschrift alles Mögliche oder nichts bezeichnen. Eine ›private Sprache‹ im Sinne dieser Voraussetzung könnte man deshalb Laute oder Zeichen nennen, »die kein Andrer versteht, ich aber ›*zu verstehen scheine*‹« (PU 269). Und so etwas wird man wohl nicht ›Sprache‹ nennen wollen.

Logik und Mathematik

In dem Buch, das wir heute als *Philosophische Untersuchungen* kennen, finden sich Bemerkungen zu den Grundlagen der Mathematik nur in geringem Maße, obgleich das Vorwort von 1945 sie als ein Thema des Werkes ankündigt. Tatsächlich hat Wittgenstein im Zeitraum der Entstehung der *Untersuchungen* auch an einer Reihe von Manuskripten gearbeitet, die später unter dem Titel *Bemerkungen über die Grundlagen der Mathematik* veröffentlicht worden sind. Da in einer frühen Fassung der *Philosophischen Untersuchungen* (Ts 221) einmal zahlreiche Bemerkungen zu Problemen der Philosophie der Mathematik enthalten waren, die Wittgenstein aus späteren Fassungen wieder herausgenommen hat, und da er dieses Thema zudem im Vorwort erwähnt, darf man vermuten, dass er aus den zwischen 1937 und 1944 entstandenen Bemerkungssammlungen zu mathematischen Fragen das Material entnommen hätte, wenn er an seinem Buch weitergearbeitet oder es um einen zweiten Teil ergänzt hätte.

Keines der unter Wittgensteins Namen veröffentlichten Bücher steht einem von ihm selbst ins Auge gefassten Werk so fern wie der Band der Werkausgabe, den die Herausgeber Anscombe, Rhees und von Wright als *Bemerkungen über die Grundlagen der Mathematik* bezeichnet haben. »Der Titel, den Wittgenstein im Nachlass niemals erwähnt oder verwendet hat, sowie das 23 Seiten umfassende Inhaltsverzeichnis, die Kapiteleinteilung und die Bemerkungsnummerierung stammen von den Herausgebern. Der Band wurde aus kürzeren und längeren Passagen aus drei Typoskripten und acht Manuskripten zusammengestellt [...]. Nur die Teile I und VI geben mit Auslassungen einer Reihe von Bemerkungen den Text in etwa so wieder, wie er in den Manuskripten von Wittgenstein entwickelt wird. Alle anderen Teile wurden von den Herausgebern zusammengestellt, wobei einige von Wittgenstein in den Manuskripten behandelte philosophische Themenfelder ausgespart blieben, die der Auffassung der Herausgeber zufolge nicht die Grundlagen der Mathematik betrafen. Neben den persönlichen Aufzeichnungen wurden offenbar auch stilistisch nicht ausgereift erscheinende Bemerkungen ausgelassen und solche, in denen Wittgenstein selbstkritisch auf das zuvor Geschriebene Bezug nimmt.« (Keicher 2013, 2)

Die in diesem Band zusammengetragen Bemerkungen entwickeln Gedanken über den Geltungsstatus von logischen und mathematischen Sätzen sowie den Begriff des Beweises in der

Mathematik, aber auch zu sehr speziellen Themen wie den Gödel'schen Unvollständigkeitssätzen, den Dedekind'schen Schnitten oder dem Cantor'schen Diagonalargument. Insbesondere die letztgenannten speziellen Themen machen es für Nicht-Mathematiker und Leser, die mit der zeitgenössischen Philosophie der Mathematik weniger vertraut sind, schwierig, sich Wittgensteins Überlegungen ohne die Hinzuziehung von Kommentarliteratur zu erschließen. Auf Kommentare, die den Leser durch das von Wittgenstein durchmessene mathematikphilosophische Gebiet führen, sei an dieser Stelle darum ausdrücklich hingewiesen (Ramharter/Weiberg 2006, Ramharter 2008, Mühlhölzer 2010). Zu Wittgensteins Überlegungen zum allgemeinen Status von Mathematik und Logik sowie zu Eigentümlichkeiten der auf diesen Gebieten verwendeten Beweise kann der interessierte Leser freilich auch selbst Zugang finden, da Wittgenstein bemüht ist, die von ihm betrachteten allgemeinen Fragen möglichst ›hausbacken‹ – wie er gerne sagte – anzugehen.

Der junge Wittgenstein dachte, dass sich in der Logik die Form spiegele, die Welt und Denken gemeinsam sein muss, damit Sätze Gedanken über die Welt darstellen können. Von der Mathematik glaubte er, dass sie auf Logik rückführbar sei, denn sie sei nichts weiter als »eine logische Methode« (LPA 6.2). Im Spätwerk hat sich Wittgenstein von dieser Auffassung vollständig abgewandt. Für den Wittgenstein der späten dreißiger und frühen vierziger Jahre sind logische und mathematische Sätze nicht Aussagen über die Form der Wirklichkeit oder formale Gesetze des Denkens, sondern sie gehören zur Grammatik, die die Regeln unserer Sprache beschreibt. In Sätzen der Logik sind seinem jetzigen Verständnis zufolge nämlich die basalen, normativ gebrauchten Paradigmata für das niedergelegt, was wir in den Sprachspielen unserer Sprache als einen notwendigen Übergang von einem Satz zu anderen Sätzen betrachten. Und Sätze der Mathematik formulieren formale Regeln, denen gemäß wir unser Leben organisieren und die wir unter anderem dazu verwenden, um die Verfassung unserer Realität in formaler Hinsicht zu beschreiben und zu bemessen.

Das logische Gesetz »Aus ›p oder q‹ und ›nicht p‹ *folgt* q« ist ein Beispiel für ein solches Paradigma, an dem sich die Sprecher unserer Sprache in ihren Überleitungen zwischen Sätzen orientieren. Von dem, der gemäß diesem Paradigma vorgeht, sagt man dann, dass er ›logisch schließe‹. Denn ein »[l]ogischer Schluss« ist nichts anderes als ein »Übergang« von einem Satz zu einem anderen, »der gerechtfertigt ist, wenn er einem bestimmten Paradigma folgt, und dessen Rechtmäßigkeit von sonst nichts abhängt« (BGM VII: 66). Im Unterschied zu anderen grammatischen Regeln unserer Sprache zeichnen sich die Gesetze der Logik freilich dadurch aus, dass wir die von ihnen gebotenen Schritte in der Sprache, d. h. die je zu vollziehenden Übergänge von einem Satz zum anderen nicht in Frage stellen, keine Ausnahmen gestatten und sie unerbittlich als Normen eines korrekten Vorgehens anwenden. Dabei wäre es nach Wittgenstein irreführend, wenn man sagen würde: Logische Gesetze *kann* man nicht in Frage stellen. Vielmehr sollte es umgekehrt heißen: Weil bestimmte Übergänge nicht in Frage gestellt werden, *gelten* sie als logische Gesetze. Oder wie Wittgenstein sich ausdrückt: »Die Schritte, welche man nicht in Frage zieht, sind logische Schlüsse. Aber man zieht sie nicht darum *nicht* in Frage, weil sie ›sicher der Wahrheit entsprechen‹ – oder dergl. –, sondern, dies ist es eben, was man ›Denken‹, ›Sprechen‹, ›Schließen‹, ›Argumentieren‹, nennt.« (BGM I: 156) Sie *zeigen*, was die Sprecher unserer Sprache als logisches (rationales, vernünftiges etc.) Vorgehen betrachten. Ihre paradigmatisch-normative Geltung lässt sich nicht dadurch legitimieren, dass man behauptet, dass das Vorgehen, welche sie als ein logisches gebieten, der Wahrheit, der objektiven Struktur des Denkens – oder was auch immer – entspreche. »Es handelt sich hier garnicht um irgendeine Entsprechung« mit der Wahrheit oder der realen Gesetzmäßigkeit des Denkens; »vielmehr ist die Logik *vor* einer solchen Entsprechung« (ebd.), weil ihre Sätze überhaupt erst den Maßstab dafür darstellen, was man als die Wahrheit oder die Gesetze des Denkens zu akzeptieren bereit sein wird. Zwar möchte man immer wieder sagen: »Die Sätze der Logik sind ›Denkgesetze‹, ›weil sie das Wesen des menschlichen Denkens zum Ausdruck bringen‹ – richtiger aber: weil sie das Wesen, die Technik des Denkens zum Ausdruck bringen, oder zeigen. Sie zeigen, was Denken ist, und auch die Arten des Denkens« (BGM I: 133).

Wenn die Logik so besehen nichts weiter als diejenigen grammatischen Regeln umfasst, die in einer Sprachgemeinschaft als normative Paradigmata der Überleitung zwischen Sätzen verwendet werden, die aber selbst nicht durch eine Ableitung von etwas oder eine Rückführung auf etwas begründet werden können, was wird dann aus der der Logik nachgesagten Ewigkeit und Unveränderlichkeit ihrer Gesetze? Wenn diese nicht durch eine Fundierung im Wesen der Wahrheit oder des Denkens garantiert werden können, dann scheint es sich bei logischen Gesetzen ja nur um so etwas wie etablierte Konventionen zu handeln, die wir zwar als sakrosankt behandeln, die aber im Prinzip auch anders sein könnten. Wenn dies aber so wäre, stellt sich die Frage, wie sich dann die sogenannte Unerbittlichkeit der Logik – die sprichwörtliche »Härte des logischen Muss« (BGM I: 121) – erklärt, die uns doch zwingt, in der Sprache bestimmte Schritte – und nicht andere – zu gehen. Eine bloße Konvention scheint die unerbittliche Nötigung dazu nicht erklären zu können.

In einer Randbemerkung (zu BGM I: 155) hat Wittgenstein die erste der beiden Fragen – »»Sind unsere Schlussgesetze ewig und unveränderlich?«« – selbst gestellt, aber an dieser Stelle unbeantwortet gelassen. Und vielleicht braucht sie auch gar keine explizite Antwort, wenn man die faktische Praxis unseres logischen Schließens in unseren Sprachspielen bedenkt. Denn auf

»die ewige Richtigkeit« eines logischen Kalküls kommt es in unserer Praxis ja gar nicht an, sondern nur auf »die zeitliche, sozusagen« (BGM III: 84). Es kommt nur darauf an, dass wir ein logisches Gesetz im Leben als Muster eines korrekten Vorgehens gebrauchen können, weil sich zur *jeweiligen* Zeit die Frage nach seiner zeitlichen oder überzeitlichen Geltung nicht stellt.

Was die unerbittliche Geltung logischer Gesetze betrifft, so wollte Wittgenstein sie nicht bestreiten. Aber er meinte, dass wir sie missverstehen, wenn wir es so darstellen, als sei es die Logik *selbst*, die uns durch ihre Gesetze zu etwas zwingt. »Wir reden von der ›Unerbittlichkeit‹ der Logik; und denken uns die logischen Gesetze unerbittlich, unerbittlicher noch, als die Naturgesetze« (BGM I: 118). Tatsächlich aber sind »*wir* unerbittlich in der Anwendung dieser Gesetze« (ebd.). Denn die Härte des logischen Muss ist über den sozialen Zwang zu einem solchen Gebrauch logischer Sätze vermittelt. So kann man durchaus auch nach Wittgenstein sagen, »dass die Schlussgesetze uns zwingen; in dem Sinne nämlich, wie andere Gesetze in der menschlichen Gesellschaft«. Der Kanzlist, der so schließt, wie wir es üblicherweise tun, »*muss* es so tun; er wäre bestraft worden, wenn er anders schlösse. Wer anders schließt, kommt allerdings in Konflikt: z. B. mit der Gesellschaft; aber auch mit andern praktischen Folgen« (BGM I: 116). Und darum werden wir in unserer Gesellschaft von Kindheit an unerbittlich in unsere Praxis des Schließens, Zählens oder Rechnens eingeführt.

Im Falle der Mathematik – jedenfalls, wenn es um das Zählen und Rechnen geht – verhält es sich nach Wittgenstein nämlich kaum anders. Denn »in der Mathematik« werden wir, nicht anders als in der Logik, »von *grammatischen* Sätzen überzeugt; der Ausdruck, das Ergebnis, dieser Überzeugtheit ist also, dass wir *eine Regel annehmen*« (BGM III: 26), an der wir uns orientieren und an der wir unerbittlich als an einer Norm bzw. einem Maß für die Realität festhalten. Denn auch wenn eine Abzählung von 12 Reihen mit jeweils 12 Gegenständen stets zu einem anderen

Ergebnis führen sollte, werden wir nämlich eher das Zählverfahren in Frage stellen, als von der mathematischen Aussage ›12 × 12 = 144‹ abzugehen oder zu sagen, ›12 × 12‹ ergebe *manchmal* ›144‹. Bei der Anwendung der Mathematik auf das Leben spielt der einzelne mathematische Satz insofern die Rolle eines Paradigmas. »*Das*«, betont Wittgenstein deshalb nun, »ist wahr daran, dass Mathematik Logik ist: sie bewegt sich unter den Regeln unserer Sprache. Und das gibt ihr ihre besondere Festigkeit, ihre abgesonderte und unangreifbare Stellung« (BGM I: 165). Sie ist es also nicht, weil man, wie der frühe Wittgenstein selbst dachte, mathematische Grundbegriffe auf logische Operationen zurückführen und die Mathematik als eine logische Methode interpretieren kann. Sie ist es vielmehr deshalb, weil sie ebenso wie die Logik aus grammatischen Sätzen besteht.

»Die Sätze der Mathematik, könnte man sagen, sind Petrefakten« (ÜG 657) unserer Lebenspraxis. In ihnen sind für uns bedeutsame Normen, etwa dass 12 × 12 *ausnahmslos* 144 ergibt, versteinert, d. h. als fest und unantastbar fixiert, weil die Art und Weise, wie *unser* Leben organisiert ist, nicht aufrecht zu erhalten wäre, würden hier Abweichungen zugelassen. Sätzen der Mathematik ist deshalb »gleichsam offiziell der Stempel der Unbestreitbarkeit aufgedrückt worden« (ÜG 655), wie es später auch in *Über Gewissheit* heißt. Wie alle grammatischen Sätze gebraucht man sie paradigmatisch-normativ, denn man wird von ihnen selbst dann nicht abgehen, wenn mehrere Abzählungen jener erwähnten zwölf Reihen mehrfach 146 ergeben. Man gebraucht sie atemporal, weil jede Neuberechnung nicht als experimentelle Bestätigung ihrer Wahrheit in der Zeit, sondern der mathematische Satz selbst umgekehrt als unzeitlicher Maßstab aller empirischen Erfahrung verwendet wird. Und schließlich gebrauchen wir mathematische Sätze übersubjektiv, denn zu dem, was wir Rechnen nennen »gehört *wesentlich* dieser Consensus« (BGM III: 67) aller im Resultat. Die Wahrheit mathematischer Sätze ist, »sozusagen, *überbestimmt*. Überbestimmt dadurch, dass das Resultat der Operation zum Kriterium dafür erklärt wurde, dass diese Operation ausgeführt ist« (BGM VI: 16). Nur von dem, der als Ergebnis von 12 × 12 stets 144 angibt, sagen wir, er könne rechnen, nicht aber von jemandem, der einmal 144, dann 149 und schließlich 146 als Ergebnis nennt, und mag er auch behaupten, er habe in seinem Inneren stets denselben Rechenvorgang vollzogen.

Welche mathematischen Sätze als paradigmatisch gelten können (und sollen), wird in der Mathematik in Form von Beweisen dargelegt. In den *Bemerkungen über die Grundlagen der Mathematik* betont Wittgenstein wiederholt, dass ein mathematischer Beweis »übersichtlich« (BGM III: 1) sein müsse und schließt damit an die Überlegungen zur Bedeutung von Übersichtlichkeit und zur Rolle von ›übersichtlichen Darstellungen‹ an, die er in den frühen dreißiger Jahren angestellt hatte. Denn einen mathematischen Beweis fasst er als eine mustergültige ›übersichtliche Darstellung‹ auf, deren Übersichtlichkeit darin besteht, dass sie – dies unterscheidet sie von ›übersichtlichen Darstellungen‹ in der Philosophie – die je relevanten, innerhalb eines mathematischen Gegenstandsbereichs aufzuzeigenden Zusammenhänge so augenfällig präsentieren, dass der sinnliche Augenschein in einem Überblick jeglichem Zweifel an der Gültigkeit der Demonstration den Boden entzieht.

In diesem Sinne lässt sich, wie Wittgenstein in einer in englischer Sprache gehaltenen Vorlesung betonte, das »Muster

L	R
	o
x	o
x	o

[...] als demonstrativer Beweis von 3 > 2 auffassen, ein Beweis, der nicht schlechter ist als eine beliebige geometrische Demonstration« (AWL 369). Als ›übersichtliche Darstellung‹ zeigt er die zu beweisenden Zusammenhänge und lässt den Aspekt, auf den es ankommt, auf einen Blick sehen. Das ist dagegen in einer Darstellung von 21 > 20 durch das Bild

/////////////////////   ////////////////////

gerade nicht der Fall. Und deshalb vermag sie – anders als die visuelle Darstellung von 3 > 2 – auch nichts zu beweisen. Deshalb möchte Wittgenstein sagen, »dass, wo Übersehbarkeit nicht vorhanden ist, wo also für einen Zweifel Platz ist, ob wirklich das Resultat dieser Substitution« von 21 > 20 durch zwei Strichmuster »vorliegt, der *Beweis* zerstört ist. Und nicht in einer dummen und unwichtigen Weise, die mit dem *Wesen* des Beweises nichts zu tun hat« (BGM III: 43). Denn: »›Der Beweis muss übersehbar sein‹ – heißt: wir müssen bereit sein, ihn als Richtschnur unseres Urteilens zu gebrauchen« (BGM III: 22). Oder anders ausgedrückt: Wir müssen ihn als Paradigma eines musteranalogen Vorgehens in allen ähnlichen Fällen nehmen können, weil wir dessen Rechtmäßigkeit an ihm ersehen. Das ist in der obigen Darstellung von 21 > 20 aber nicht der Fall.

Ein mathematischer Beweis, der akzeptiert wird, führt nach Wittgenstein so ein neues Paradigma des korrekten Vorgehens in die Mathematik ein, aber er eröffnet *keine* Wesenseinsicht in eine sogenannte ›mathematische Tatsache‹, wie viele, insbesondere Philosophen der Mathematik, zu denken geneigt sind. »Der Beweis *erforscht* nicht das Wesen« einer mathematischen Tatsache, sondern »er spricht aus, was ich von nun an zum Wesen [...] rechnen werde. – Was zum Wesen gehört, lege ich unter den Paradigmen der Sprache nieder. Der Mathematiker erzeugt *Wesen*« (BGM I: 32), weshalb Wittgenstein in einer prägnanten Formulierung auch schreiben kann: »Der Mathematiker ist ein Erfinder, kein Entdecker« (BGM I: 168). Mit einem Beweis, dessen Darstellung als überzeugend angesehen wird, legt er eine

Übereinkunft hinsichtlich dessen fest, was man von nun an als wesentlich betrachten wird.

Wittgenstein wusste durchaus – und davon zeugte dann auch die frühe Rezeption seiner mathematikphilosophischen Überlegungen durch Philosophen und Mathematiker (Anderson 1958, Bernays 1959) –, dass viele Leser seine Überlegungen als Missdeutungen des Wesens des Mathematischen, wenn nicht gar als Provokationen auffassen würden. Sagt er doch:

> »Wer über das *Wesen* spricht – konstatiert bloß eine Übereinkunft. Und da möchte man doch entgegnen: es gibt nichts Verschiedeneres, als ein Satz über die Tiefe des Wesens und einer – über eine bloße Übereinkunft. Wie aber, wenn ich antworte: der *Tiefe* des Wesens entspricht das *tiefe* Bedürfnis nach Übereinkunft.« (BGM I: 74)

Denn wir *erzeugen* Wesen – in der Mathematik ebenso wie in der Philosophie –, weil wir das Bedürfnis haben, unsere Konventionen des Denkens und Sprechens gegen den Verdacht ihrer Beliebigkeit und Veränderbarkeit zu immunisieren, und stellen sie darum als etwas dar, das im ›Wesen der Sache‹ begründet liegt, an das sich *alle* zu halten haben.

Nach den Philosophischen Untersuchungen: 1946 – April 1951

●●

»*Unser Motto könnte sein: ›Lassen wir uns nicht behexen!‹*«
(Z 690)

Dass dem Zeitraum zwischen 1946 bis zum Todesjahr 1951 in dieser Darstellung ein eigenes Kapitel gewidmet wird, soll nicht besagen, dass er eine eigenständige Periode in Wittgensteins denkerischer Entwicklung beschreibe, in der Wittgenstein von Gedankenmotiven der *Philosophischen Untersuchungen* abgerückt wäre oder manches gar verworfen hätte. Es soll damit also nicht der Unterscheidung eines ›dritten‹ bzw. ›vierten Wittgenstein‹ das Wort geredet werden. Gemeint ist vielmehr nur, dass die *Philosophischen Untersuchungen* als Werkeinheit 1945 weitestgehend abgeschlossen waren, so dass ab 1946 in Wittgensteins Denken nun neue Aspekte und Themen ins Zentrum der Aufmerksamkeit rücken, die Wittgenstein früher noch nicht beschäftigt hatten.

© Springer-Verlag GmbH Deutschland, ein Teil von Springer Nature 2019
S. Majetschak, *Wittgenstein und die Folgen*, https://doi.org/10.1007/978-3-476-04935-3_5

Philosophie der Psychologie

Nach Abschluss der *Philosophischen Untersuchungen* hat sich Wittgenstein in seinen letzten Lebensjahren intensiv mit der Grammatik unserer psychologischen Begriffswörter, genauer gesagt: mit den philosophischen Missdeutungen, die wir ihr oftmals zuteilwerden lassen, auseinandergesetzt. Im Spätherbst 1947 und im Frühherbst 1948 entstehen die umfangreichen Typoskripte 229 und 232, die als Band I und II der *Bemerkungen über die Philosophie der Psychologie* veröffentlicht wurden. Zwischen Oktober 1948 und März 1949 schreibt Wittgenstein dann die Manuskriptbände 137 und 138 nieder, die als *Letzte Schriften über die Philosophie der Psychologie I* herausgegeben wurden. Auch nach 1949 bis kurz vor seinem Tod 1951 arbeitet er weiter über Probleme der Philosophie der Psychologie. Diese Aufzeichnungen (Ms 169, 170, 171, 173 und Teile von 176) liegen heute als *Letzte Schriften über die Philosophie der Psychologie II* vor.

Wer sich mit diesen umfangreichen Sammlungen von philosophischen Bemerkungen beschäftigt, dem wird es – wie bereits früh festgestellt wurde (Schulte 1987, 42) – nicht immer leicht fallen zu verstehen, welche Fragen Wittgenstein mit einzelnen Bemerkungen oder Bemerkungsfolgen überhaupt anvisiert und wo die philosophischen Probleme liegen, deren Auflösung er anstrebt. Die Bemerkungssammlungen behandeln viele verschiedene Themen, zahlreiche Gedankengänge laufen darin manchmal parallel, kreuzen sich aber auch und durchmischen sich gelegentlich. Bemerkungen zu Fragen der Aspektwahrnehmung sowie zur Logik des Gebrauchs psychologischer Begriffe wie ›glauben‹, ›verstehen‹, ›wissen‹ oder ›beabsichtigen‹ sind dabei wohl am häufigsten.

Das Thema der Aspektwahrnehmung, genauer gesagt: die Frage, was es heißt, etwas *als* etwas zu sehen, hat Wittgenstein unter anderem am Beispiel einer einfachen Abbildung behandelt, die er als »H-E-Kopf« bezeichnet, weil sie als »Hasenkopf,

oder als Entenkopf« (Ms 144: 24v) – also multiaspektisch – gesehen werden kann.

Das »Bemerken eines Aspekts« (ebd.) bzw. das »›Aufleuchten‹
des Aspekts« (Ms 144: 24) lässt das, was jeweils gesehen wird,
sozusagen umschlagen und ändert unser Verständnis der Figur.
Seine Bemerkungen zum Themenkomplex des Aspekt-Sehens,
welches er als ein Sehen gemäß einer Deutung auffasst, sind
eng mit seinen kunstphilosophischen Überlegungen verbunden. Denn wenn man sich fragt: »Wie ist man denn überhaupt
zu dem Begriff des ›Dies als das sehen‹ gekommen? Bei welchen
Gelegenheiten wird er gebildet, ist für ihn ein Bedarf?«, dann
muss die Antwort nach Wittgenstein lauten: »Sehr häufig in der
Kunst« (Z 208). Hier nämlich besteht das, was man Kunstver-
ständnis oder Kunstkennerschaft nennt, häufig darin, durch
passende Kontextualisierungen an der vorliegenden Werkgestalt einen Aspekt sichtbar zu machen, in dessen Lichte das
Werk verstanden werden kann. Darum werden »in Gesprächen
über ästhetische Gegenstände« sehr oft Sätze gebraucht wie
»›Du musst es so sehen, so ist es gemeint‹; ›Wenn Du es so siehst,
siehst Du, wo der Fehler liegt‹; ›Du musst diese Takte als Einleitung hören‹; ›Du musst nach dieser Tonart hinhören‹; ›Du
musst es so phrasieren« (Ms 144: 32) und ähnliche, die dem, der
den entscheidenden Aspekt noch nicht sieht, zum Verständnis
verhelfen sollen (Majetschak 2007).
  Was ›Verstehen‹ im Blick auf Kunstwerke heißt, lässt sich so
besehen explizieren, ohne auch nur entfernt von irgendwelchen
›inneren Vorgängen‹ im Geiste dessen, der etwas versteht, sprechen zu müssen. Die Auffassung, dass ›Verstehen‹ in diesem wie
in anderen Fällen aber doch so etwas wie ein Vorgang im In-

Philosophie der Psychologie

neren des Geistes sei, nennt man – ausgebaut zu einer philosophischen Theorie – Mentalismus. Wittgenstein hat ihn bereits in den *Philosophischen Untersuchungen* bekämpft, wenn er der Frage nachging, ob ›Lesen‹, ›Rechnen‹, und ›Verstehen‹ innere Vorgänge, Bewusstseinszustände oder Ähnliches seien. Dort wie auch in den späten Schriften zur Philosophie der Psychologie hat er diese mentalistische Auffassung jenen bereits mehrfach berührten falschen Analogisierungen verdankt gesehen, die das Denken aufgrund von Ähnlichkeiten zwischen grammatischen Strukturen unserer Sprache immer wieder ›behexen‹ und die er seit dem *Big Typescript* als eine der großen Quellen philosophischer Probleme gebrandmarkt hatte. Sie verleiteten das Denken nämlich dazu, an und für sich unvergleichbare Phänomene, beispielsweise des Physischen und des Mentalen, allein auf Grund von oberflächlichen Ähnlichkeiten unserer Redeweise über beide auch fälschlicherweise als analoge Phänomene zu interpretieren. Sätze wie ›Ich glaube an die Willensfreiheit‹ und ›Ich schlage auf den Stein‹ sehen ja ihrer oberflächengrammatischen Form nach tatsächlich sehr ähnlich aus. Und so kann leicht der Eindruck entstehen, als spreche ein Satz wie ›Ich glaube an die Willensfreiheit‹ in einem analogen Sinne über einen Vorgang im Innenraum des Mentalen, wie ein Satz wie ›Ich schlage auf den Stein‹ über einen in Raum und Zeit lokalisierbaren Vorgang in der äußeren Wirklichkeit. Wenn wir diesen Eindruck gewinnen, lassen wir uns von der Grammatik des Wortes ›schlagen‹ leiten und deuten diejenige des Wortes ›glauben‹ auf eine ihr analoge Weise.

In der Philosophie und Psychologie führt eine solche falsche Analogisierung zu erheblicher Begriffsverwirrung. Man denkt dann nämlich, bloß weil in unseren Beispielsätzen »das Verbum ›glauben‹ konjugiert wird wie das Verbum ›schlagen‹« (BPP II: 635), müsse auch die Art und Weise ihrer Bezugnahme auf etwas ähnlich sein. Und dann ist man versucht zu sagen, mit dem Ausdruck ›ich glaube‹ werde in gleicher Weise auf einen inneren

›Vorgang‹ im Geiste Bezug genommen, wie mit dem Ausdruck ›ich schlage‹ auf einen äußeren in Raum und Zeit. Aber ist unser Glaube an die Willensfreiheit überhaupt so etwas wie ein innerer ›Vorgang‹ oder ›Zustand‹? Wann fängt er an? Und wann hört er auf? Und ist er irgendwo, z. B. in Raum und Zeit, verortbar? Oder ist der ›Glaube‹ ein andauernder ›Zustand‹ im Inneren des Geistes? Solche Fragen stellen sich uns gewöhnlich nicht einmal. Es fehlt uns nach Wittgenstein einfach die Übersicht über die semantischen Unterschiede in der Verwendung der Tätigkeitswörter ›glauben‹ und ›schlagen‹, die wir angesichts der oberflächengrammatisch ähnlichen Form ihres Gebrauchs in Sätzen gar nicht in den Blick bekommen. Und so gewahren wir nicht einmal, dass wir in den meisten Fällen der Verwendung eines psychologischen Begriffs wie ›glauben‹, etwa wenn wir sagen ›Ich glaube, dass es nachher regnen wird‹, überhaupt nicht auf ›Vorgänge‹ oder ›Zustände‹ irgendeiner Art Bezug nehmen. Denn dass psychologische Begriffe generell nach dem Muster der Bezugnahme auf mentale Entitäten funktionieren, ist nur eine grammatische Fiktion (PU 307).

Wenn man sich nun – geblendet von einer solchen grammatischen Fiktion – auf das Gebiet der wissenschaftlichen Psychologie begibt, verführt sie nur allzu leicht dazu, eine irreführende Parallele zwischen Psychologie und Physik zu sehen, auf die Wittgenstein bereits in den *Philosophischen Untersuchungen* hinwies. Man meint dann nämlich: »Psychologie handelt von den Vorgängen in der psychischen Sphäre, wie Physik in der physischen« (PU 571), und denkt, man könne in der Psychologie die ›Vorgänge‹ und ›Zustände‹ im Bereich des Mentalen ebenso mittels experimenteller Methoden erforschen, wie dies in der Physik für den Bereich des Physischen möglich ist.

»Es bestehen nämlich, in der Psychologie, experimentelle Methoden *und Begriffsverwirrung*. [...] Das Bestehen der experimentellen Methode lässt uns glauben, wir hätten

das Mittel, die Probleme, die uns beunruhigen, loszuwer-
den; obgleich Problem & Methode windschief aneinander
vorbei laufen.«   (Ms 144: 40)

Denn »Sehen, Hören, Denken, Fühlen, Wollen sind nicht im
gleichen Sinne die Gegenstände der Psychologie, wie die Bewe-
gungen der Körper, die elektrischen Erscheinungen, etc., Gegenstände der Physik« (PU 571). Vielmehr werden sie von den
Formen der Sprache als den Gegenständen der Physik analoge
Gegenstände bloß *behandelt*.

Dass die sogenannten Phänomene des Mentalen nicht im
gleichen Sinne Gegenstände der Untersuchung sind und sein
können, wie die Gegenstände der Physik, ist auch der Grund
dafür, dass die Phänomene des Mentalen nicht in gleicher Weise
mit experimentellen Methoden untersucht werden können, wie
die Phänomene, die die Physik erforscht. Wie Wittgenstein
meinte, könne man dies bereits daran erkennen, dass der Physiker viele der von ihm untersuchten »Erscheinungen sieht,
hört, über sie nachdenkt, sie uns mitteilt«, der Psychologe aber
gar keinen direkten Zugang zu den Phänomenen des Mentalen
hat, sondern allein »die Äußerungen (das Benehmen) des Sub-
jekts beobachtet« (PU 571). Und genau deshalb laufen ›Problem
und Methode‹ in der wissenschaftlichen Psychologie ›windschief aneinander vorbei‹. In direkter, unvermittelter Weise wie
die Phänomene des Physischen lassen sich psychische Phänomene durch experimentelle Methoden ja gar nicht erfassen, weil
sie für einen beobachtenden Psychologen immer nur im Ge-
wand einer spezifischen Ausdrucksform, nämlich eines besonderen menschlichen Verhaltens gegeben sind.

Wenn Wittgenstein an vielen Stellen der *Philosophischen Untersuchungen* (PU 154 u. ö.) ebenso wie der späten *Bemerkungen über
die Philosophie der Psychologie* leugnet, dass es sinnvoll sei, das
Psychische überhaupt als ›Vorgänge‹ oder ›Zustände‹ aufzufas-
sen, dann könnte das, wie er selbst bemerkt hat, leicht so aus-

sehen, als hätte er psychische Gegebenheiten im Bewusstsein als solche geleugnet. Und das wollte er natürlich nicht. »Was wir leugnen«, schrieb er, »ist, dass das Bild vom inneren Vorgang uns die richtige Idee von der Verwendung« (PU 305) eines psychologischen Begriffs gibt. Eine Antwort auf die Frage, wie das von ihm in seiner Eigenständigkeit nicht geleugnete Psychische anders denn als ›Zustand‹ oder ›Vorgang‹ angemessen charakterisiert werden kann, ist Wittgenstein allerdings schuldig geblieben.

Dagegen deutet Wittgenstein in seinen Überlegungen zur Philosophie der Psychologie durchaus noch an, worauf sich psychologische Begriffe wie ›hoffen‹, ›denken‹ oder ›beabsichtigen‹ tatsächlich beziehen. Sie beziehen sich nämlich nicht so sehr auf innere Vorgänge und Zustände, als vielmehr auf Formen und Muster unseres Lebens, die in der Sprache fixiert und tradiert werden. Denn die Sprache, die wir gelernt haben, liefert uns die für unser Leben wichtigen begrifflichen Muster, denen gemäß wir die mentalen Befindlichkeiten anderer ebenso wie unserer selbst allein beschreiben können. Bereits in den *Philosophischen Untersuchungen* hatte Wittgenstein in diesem Sinne angedeutet, dass sich »das Wort ›hoffen‹« nicht so sehr auf einen inneren Vorgang oder Zustand, als vielmehr »auf ein Phänomen des menschlichen Lebens« (PU 583) bezieht. In den späten Bemerkungen zur Philosophie der Psychologie arbeitet Wittgenstein diesen Gedanken noch expliziter heraus, wenn er das »Getriebe des Lebens« als den »Hintergrund« des Gebrauchs eines psychologischen Begriffs bezeichnet und betont: »Und unser Begriff bezeichnet etwas in diesem Getriebe.« (BPP II: 625) Ein jeder bezieht sich auf »ein Muster, welches im Lebensteppich mit verschiedenen Variationen wiederkehrt« (Ms 144: 1), oder wie Wittgenstein mit unterschiedlichen Ausdrücken auch sagt: auf ein »Lebensmuster« (BPP II: 652), eine »Lebensschablone« (LSPP 206) oder – wie er es in den *Philosophischen Untersuchungen* nannte – eine bestimmte ›Lebensform‹.

Dass sich psychologische Begriffe auf Lebensmuster beziehen, erklärt nach Wittgenstein ihre Unbestimmtheit in Grenzfällen ihrer Anwendung, wenn nicht mehr klar ist, ob man etwas noch als *dies* oder schon als *das* bezeichnen soll. Denn wenn »ein Lebensmuster die Grundlage für eine Wortverwendung ist, so muss in ihr eine Unbestimmtheit liegen. Das Lebensmuster ist ja nicht genaue Regelmäßigkeit« (LSPP 211). Es ist vielmehr, um bei der von Wittgenstein gebrauchten Metaphorik zu bleiben, »im Teppich« des Lebens »mit vielen anderen Mustern verwoben« (BPP II: 673). Zudem ist ein Muster des Lebens in diesem Teppich »nicht immer vollständig«, sondern »vielfach variiert. Aber wir, in unserer Begriffswelt, sehen immer wieder das Gleiche mit Variationen wiederkehren. So fassen's unsere Begriffe auf. Die Begriffe sind ja nicht für *einmaligen* Gebrauch« (BPP II: 672). Vielmehr begründen sie eine konstante Praxis des sprachlichen und nicht-sprachlichen Handelns.

Weil psychologische Begriffe in der Regel auf Lebensmuster Bezug nehmen, könnte man sagen, dass, wie Wittgenstein in einem anderen Zusammenhang betonte, »die Begriffe der Menschen zeigen, worauf es ihnen ankommt und worauf nicht« (BÜF III, 293). Sie zeigen, was Menschen in ihrem Leben, im Lichte der Organisation ihrer Praxis als wiederkehrendes Muster erblicken und akzentuieren. Eine »ganz andere Erziehung, als die unsere, könnte«, wie Wittgenstein klar war, freilich »auch die Grundlage ganz anderer Begriffe sein« (BPP II: 707). Welche Muster in einer Sprache durch Worte fixiert werden, hängt ja stets von kulturrelativen Gesichtspunkten ab, über die sich philosophisch im Allgemeinen gar nichts ausmachen lässt. Muss nämlich beispielsweise »der Begriff der Bescheidenheit oder der der Prahlerei überall bekannt sein, wo es« – im Lichte *unserer* Begriffe – »bescheidene oder prahlerische Menschen gibt?« (Z 378). Wohl kaum, denn anhand welcher Kriterien ließe sich entscheiden, welche Lebensmuster eine jede Sprachgemeinschaft als wesentlich betrachten muss? Solche Kriterien fehlen. Konstatieren lässt sich deshalb nur, dass dort, »wo es einen Typus nur selten gibt, [...] der Begriff dieses Typus nicht gebildet« wird (Z 376). »Die Menschen berührt *dies* nicht als eine Einheit, als ein bestimmtes Gesicht« (ebd.). Es kommt ihnen dann vielleicht gar nicht darauf an, unseren Unterschied zwischen Bescheidenheit und Prahlerei zu machen. »Es liegt ihnen vielleicht dort nichts an dieser Unterscheidung. Uns sind ja auch manche Unterschiede unwichtig und könnten uns wichtig sein« (Z 378).

»Wäre es richtig«, fragt Wittgenstein deshalb, »zu sagen, in unseren Begriffen spiegelt sich unser Leben?« (BÜF III: 302). Und seine Antwort lautet: »Sie stehen mitten in ihm« (ebd.). Denn die »Regelmäßigkeit unserer Sprache durchdringt unser Leben« (BÜF III: 303), weil ihre Begriffe »die festen Schienen« bilden, »auf denen all unser Denken verläuft, und also nach ihnen auch unser Urteilen und Handeln (BPP II: 679). Sie dirigieren die Richtung unseres Denkens und Handels so sehr, dass wir Alternativen zu unserer Denkungsart oft kaum für vorstellbar halten. »Wir sind an eine bestimmte Einteilung der Sachen gewöhnt. Sie ist uns mit der Sprache, oder den Sprachen, zur Natur geworden.« (BPP II: 678)

Weltbild und Gewissheit

Wittgensteins Bemerkungen, die unter dem Titel *Über Gewissheit* veröffentlicht worden sind, werden von vielen Lesern als ein eigenständiges ›Werk‹ betrachtet, ja von manchen gar als eines von einer solchen Geschlossenheit und Konsistenz der Gedankenentwicklung, dass sie meinen, dass es von einer dritten bzw. vierten Periode in Wittgensteins denkerischer Entwicklung zu sprechen gestatte. Dabei ist gerade diese Bemerkungssammlung dies nicht. Die Herausgeber haben sie aus verschiedenen Manuskripten zusammengesetzt, an denen Wittgenstein in den letzten anderthalb Jahren seines Lebens arbeitete. Sie besteht aus Manuskript 172 (Seite 1–20), dem größten Teil von Manuskript 174, dem gesamten Manuskript 175, Manuskript 176 ab Seite 21 sowie Manuskript 177. Die Bemerkungen in den Manuskripten 176 und 177 sind datiert, so dass wir wissen, dass Wittgenstein die letzten von ihnen am 27. April 1951, zwei Tage vor seinem Tod, niedergeschrieben hat. Anders als im Falle anderer Bemerkungssammlungen ist Wittgenstein nicht mehr dazu gekommen, die Bemerkungen der einzelnen Manuskripte zu redigieren und wie gewöhnlich die besten davon in Typoskripte zu übertragen. Dass er sie entgegen sonstiger Gepflogenheit in der vorliegenden Manuskriptform als druckreif betrachtete, ist unwahrscheinlich.

Während seines Besuchs in den USA bei Norman Malcolm hatte Wittgenstein Mitte 1949 offenbar auf dessen Anregung hin begonnen, sich mit Überlegungen zu beschäftigen, die G. E. Moore in seinen Schriften *A Defence of the Common Sense* (1925) und *Proof of the External World* (1939) angestellt hatte. Moore hatte dort die Auffassung vertreten, »von einer Anzahl von Sätzen *wisse* er mit Sicherheit, dass sie wahr seien; z. B. ›Hier ist eine Hand – und hier ist eine zweite‹, ›Die Erde bestand lange vor meiner Geburt‹ und ›Ich habe mich niemals weit von der Erdoberfläche entfernt‹« (Anscombe und von Wright im Vorwort zu ÜG). Wittgenstein hat diese Beispiele für unbezweifelbar gewisse Sätze zum Anlass genommen, die begriffliche Struktur menschlichen Wissens grundlegend zu durchdenken. Dabei entfernte er sich rasch aus dem Umfeld von Moores Überlegungen und Argumenten und entwickelte weitgehend unabhängig von Moore die Auffassung, dass diese Sätze für uns genau deshalb als unbezweifelbar erscheinen, weil sie einen eigentümlichen Status in der Gesamtheit unseres Wissens einnehmen (Kober 1993, 15 ff.). Sie seien nämlich Sätze, die für unser Weltbild konstitutive Überzeugungen artikulieren, von denen wir nicht abgehen können, ohne zahlreiche andere

Urteile, die wir über die Verfassung der Welt für wahr halten, mitzureißen.

Der Begriff des ›Weltbildes‹ nimmt in den Bemerkungen, die als *Über Gewissheit* veröffentlicht wurden, eine zentrale Stelle ein, und schon weil er in früheren Jahren von Wittgenstein nicht verwendet wurde, meinen manche Interpreten, dass in *Über Gewissheit* eine neue Phase seines Denkens kulminiere. Ein ›Weltbild‹ ist nach Wittgenstein »ein System, ein Gebäude« (ÜG 102) von unbefragt und übersubjektiv für gültig gehaltenen Grundüberzeugungen bzw. »Grundanschauungen« (ÜG 238), das die Mitglieder einer Kultur im Blick auf die Verfassung der Welt miteinander teilen. Es bildet gleichsam ein Rahmenwerk von Überzeugungen, innerhalb dessen sich in dieser Kultur alle theoretischen oder praktischen Bezugnahmen auf die Wirklichkeit bewegen. Dabei ist dieser Rahmen nicht nur von Annahmen über die Grundstruktur der Welt bestimmt, wie sie sich in einer wissenschaftlich geprägten Kultur wie der unsrigen z. B. in Sätzen wie ›Alles, was geschieht, hat eine physische Ursache‹ oder ›Physische Realitäten lassen sich durch mathematische Gleichungen erfassen‹ niederschlagen. Denn auch die vorausgesetzte »*Wahrheit* gewisser Erfahrungssätze gehört zu unserem Bezugssystem« (ÜG 83), innerhalb dessen wir uns theoretisch oder praktisch bewegen. Tatsächlich zeichnen ein Weltbild ganz verschiedenartige Sätze aus, die innerhalb einer Kultur Grundanschauungen artikulieren. Profane, wie Erfahrungssätze wirkende Aussagen der Art ›Die Erde hat Millionen von Jahren existiert‹ oder ›Kein Mensch war je auf dem Jupiter‹ gehören z. B. dazu. Obgleich diese wie Erfahrungssätze aussehen, setzen wir sie einer Konfrontation mit der Erfahrung gar nicht aus, sondern verwenden sie als Normen, von denen wir oft nicht abzugehen bereit sind. Denn denjenigen, der uns berichtet, auf dem Jupiter gewesen zu sein, befragen wir nicht erstaunt, wie er dies fertig gebracht habe. Vielmehr würden wir uns von »Einem, der dies sagte, [...] geistig sehr entfernt fühlen« (ÜG 108) und ihn, würde er auf der Wahrheit seiner Behauptung bestehen, vermutlich rasch für unzurechenbar erklären.

Die Sätze, die ein Weltbild beschreiben, »könnten zu einer Art Mythologie gehören« (ÜG 95), wie Wittgenstein schrieb, um ihren Status deutlich zu machen. Ebenso nämlich, wie in Bildern oder Erzählungen niedergelegte Mythologien ohne Begründungen oder Beweise tradieren, was die Menschen, die sich an ihnen orientieren, für möglich, wahr oder wünschenswert halten, stecken die in einem Weltbild partiell fest, partiell lose zu einem Netz verknüpften Überzeugungen den Spielraum dessen ab, was die Menschen in der ihnen zugehörigen Kultur ohne Bedürfnis nach Rechtfertigung für möglich oder unmöglich, denkbar oder undenkbar, plausibel oder unplausibel halten. Die »Rolle« einzelner Sätze, die das jeweilige Weltbild charakterisieren, ist dabei »ähnlich der von Spielregeln« (ebd.). Denn sie legen fest, was wir als einen sei es rationalen, sei es wohl begründeten oder sei es auch nur als einen zulässigen Zug in unseren Sprachspielen und Handlungsweisen begreifen.

Selbstverständlich ist ein Weltbild kein statisches, ein für alle Mal dem Denken und Handeln vorgegebenes Überzeugungssystem, sondern in sich dynamisch veränderlich. Sätze, die eine Zeitlang den Status von Normen innehaben, können in den Status von empirischen Sätzen zurücksinken. Umgekehrt können empirische Sätze in den Status von Normen übergehen. Wittgenstein charakterisiert diese Möglichkeit mit den Worten, man »könnte sich vorstellen, dass gewisse Sätze von der Form von Erfahrungssätzen erstarrt wären und als Leitung für die nicht erstarrten, flüssigen Erfahrungssätze funktionierten; und dass sich dies Verhältnis mit der Zeit änderte, indem flüssige Sätze erstarrten und feste flüssig würden« (ÜG 96). So konnte er selbst den Satz ›Kein Mensch war je auf dem Mond‹ noch als einen zwar in Erfahrungssatzform gekleideten, aber doch zur Norm erstarrten Satz des Weltbildes betrachten. Wir setzen ihn, wie er zu seiner Zeit nicht zu Unrecht dachte, ja gar nicht der ernst-

haften Überprüfung durch irgendwelche Methoden aus, sondern würden den, der ihn bezweifelte, nicht einmal recht verstehen. »Wenn wir in unserem System denken,« konnte er Ende
der 1940er Jahre notieren, »so ist es gewiss, dass kein Mensch
je auf dem Mond war. Nicht nur ist uns so etwas nie im Ernst
von vernünftigen Leuten berichtet worden, sondern unser gan-
zes System der Physik verbietet es uns, es zu glauben. Denn dies
verlangt Antworten auf die Fragen: ›Wie hat er die Schwerkraft
überwunden?‹, ›Wie konnte er ohne Atmosphäre leben?‹ und
tausend andere, die nicht zu beantworten wären« (ÜG 108). Im
Zuge der technischen Entwicklung nach Wittgensteins Tod ist
dieser Satz, dessen Bestreitung ihm einen ganzen Sog von welt-
bildintern motivierten Fragen auszulösen und die ihm darum,
weil sie an Grundfesten des Weltbildes rührten, als unbeant-
wortbar erschienen, freilich in den Status eines gewöhnlichen
Erfahrungssatzes zurückgesunken. So demonstriert, ohne dass
Wittgenstein dies ahnen konnte, sein eigenes Beispiel die von
ihm akzentuierte Dynamik des Weltbildes, d. h., die Tatsache,
dass die »Mythologie [...] wieder in Fluss geraten, das Flussbett
der Gedanken sich verschieben« (ÜG 97) kann, innerhalb dessen wir Sätze und Fragen für verständlich oder unverständlich
halten.

Wenn man ein Weltbild mit einem von Wittgenstein einmal
gebrauchten Ausdruck als ein ›System von Geglaubtem‹ beschreibt, dann besteht die »Schwierigkeit« darin, »die Grund-
losigkeit unseres Glaubens einzusehen« (ÜG 166), d. h. einzusehen, dass das jeweils Geglaubte selbst nicht als realitätsadäquat
ausgewiesen werden kann. Es gründet nämlich nicht auf der
Realität, sondern legt überhaupt erst fest, was als Realität gelten
soll. Dies einzusehen, ist tatsächlich eine Schwierigkeit, denn
man ist ja geneigt zu fragen: »Aber gibt es denn da keine objektive Wahrheit?« (ÜG 108). Diese Frage liegt nahe, und doch
gibt es keinen Weg, die Wahrheit der Grundannahmen irgend-
eines Weltbildes zu erweisen. Denn alle »Prüfung, alles Bekräf-

ten oder Entkräften einer Annahme geschieht schon innerhalb eines Systems. Und zwar ist dies System nicht ein mehr oder weniger willkürlicher und zweifelhafter Anfangspunkt aller unserer Argumente, sondern es gehört zum Wesen dessen, was wir ein Argument nennen. Das System ist nicht so sehr der Ausgangspunkt, als das Lebenselement der Argumente« (ÜG 105). Zu fragen, was denn unabhängig von allen möglichen Bezugssystemen an und für sich wahr sei, ist philosophisch naiv. Es gibt natürlich Begründungen und Rechtfertigungen für Überzeugungen und Fürwahrhaltungen *innerhalb* eines Weltbildes, »aber die Rechtfertigung hat ein Ende« (ÜG 192), und zwar spätestens dann, wenn wir auf die sogenannten ›letzten Gründe‹ im Zentrum eines Weltbildes stoßen.

Deshalb ist es unmöglich, irgendwelche Gründe, Maßstäbe oder Normen, die innerhalb eines Weltbildes maßgeblich sind, in einem alle Weltbilder übergreifenden Sinne als die wahren, richtigen oder verbindlichen auszuweisen. Vielmehr »gründet sich« alles, was als wahres oder unbezweifelbares Wissen gelten kann, »am Schluss auf Anerkennung« (ÜG 378); eine Anerkennung, die stets nur innerhalb der besonderen Maßgaben des je eigenen Weltbildes geschehen kann. Wittgenstein dachte, dass dies insbesondere im interkulturellen Vergleich deutlich werde, wenn unterschiedliche Weltbilder aufeinandertreffen. »Angenommen«, schrieb er, »wir träfen Leute, die das nicht als triftigen Grund betrachten« (ÜG 609), was wir selbst in unserem Weltbild für einen solchen halten. »Sie befragen statt des Physikers«, den wir im Rahmen unseres naturwissenschaftlich geprägten Weltbildes wohl als maßgeblichen Experten betrachten, wenn es um die in der Welt herrschenden Gesetze geht, »etwa ein Orakel. (Und wir halten sie darum für primitiv.) Ist es falsch, dass sie ein Orakel befragen und sich nach ihm richten?« (ebd.). Um hier von Falschheit reden zu können, müsste es ja einen unabhängigen, weltbildübergreifend akzeptierten Maßstab geben, an welchem sich Wahrheit und Falschheit objektiv bemessen lassen. Doch diesen Maßstab hat keine der beiden aufeinanderprallenden Weltansichten, und darum ist es so problematisch, anders geartete Maßstäbe anderer aus der eigenen Sicht heraus als ›primitiv‹ zu bezeichnen. Denn darin drückt sich eine Verabsolutierung des je eigenen Weltbildes aus. Wenn wir die Grundüberzeugungen eines anderen Weltbildes aus der Sicht des unsrigen als ›primitiv‹ oder ›falsch‹ bezeichnen, benutzen wir ja bereits »unser Sprachspiel«, unsere Art und Weise über die Welt zu urteilen, »und *bekämpfen* das ihre« (ÜG 609). Ob die Debatte zwischen unterschiedlichen Weltbildern zu irgendetwas führt, ist ungewiss. Denn es gilt wohl, was Wittgenstein schreibt: »Wo sich wirklich zwei Prinzipien treffen, die sich nicht mit einander aussöhnen, da erklärt jeder den Anderen für einen Narren und Ketzer.« (ÜG 611)

Eine verbreitete Strategie, die im Zuge der Bekämpfung anderer Weltbilder häufig angewendet wird, besteht, wie Wittgenstein illusionslos erkannte, darin, sein »Vorgehen mit allerlei Schlagworten (Slogans) auf[zu]stützen« (ÜG 610), und z. B. für die je eigenen Argumente schlagwortartig den Begriff der ›Vernunft‹ zu reklamieren. Man wird dann dem Vertreter des fremden Weltbildes vielleicht sagen, »Ein jeder Vernünftige muss zugeben, dass…« und so denjenigen, der auf anders lautenden Überzeugungen beharrt, aus der Gemeinschaft der Vernünftigen ausschließen. Doch übersieht diese verbreitete Argumentationsstrategie, dass das, was wir ›vernünftig‹ nennen, selbst nur im Lichte eines Weltbildes bestimmt werden kann.

›Vernunft‹, so werden wohl insbesondere in der Tradition der europäischen Philosophie verhaftete Philosophen vermutlich sagen, ist das, was Menschen befähigt, bestimmte Urteile als wahr zu akzeptieren oder als unwahr zu verwerfen. »Aber was Menschen vernünftig oder unvernünftig erscheint, ändert sich. Zu gewissen Zeiten scheint Menschen etwas vernünftig, was zu andern Zeiten unvernünftig schien. U. u.« (ÜG 336). Und diese in kulturhistorischer Perspektive wohl unstrittige Beobachtung

wird manchen unsicher machen und fragen lassen: »Aber gibt
es hier nicht ein objektives Merkmal« (ebd.), welches ›Vernunft‹
und ›Unvernunft‹ an und für sich zu unterscheiden vermag? In
seinen spätesten Bemerkungen wollte Wittgenstein diese Frage
verneinen. Was wir ›Vernunft‹ bzw. ›vernünftig‹ nennen, ist
nämlich für Wittgenstein in keinem Falle anders als durch einen
Rückgang auf jeweils von den Mitgliedern einer Kultur geteilte
Überzeugungen definierbar. Dabei legt die Gesamtheit der ge-
meinschaftlich geteilten Fürwahrhaltungen jeweils die akzeptierten Vernunftstandards fest, nicht entscheidet, wie man tra-
ditionellerweise annahm, ›Vernunft‹ allein auf sich gestellt darüber, was für wahr zu halten je sinnvoll oder unsinnig ist.

Beispielsweise würden wir in unserem Weltbild »den nicht
vernünftig nennen, der etwas, wissenschaftlicher Evidenz zum
Trotz, glaubt« (ÜG 324), und der – wie ein von Wittgenstein
exemplarisch erfundener König (ÜG 92) – der Überzeugung ist,
dass die Erde erst mit seiner Geburt zu existieren begonnen
habe. Wir würden diese Meinung für ebenso unwahr wie unvernünftig halten und – für gewöhnlich übrigens, ohne selbst wissenschaftliche Experten in dieser Frage zu sein! – »sagen, wir
wissen, dass …«, womit wir »meinen […], dass jeder Vernünftige
in unserer Lage es auch wüsste, dass es Unvernunft wäre, es
zu bezweifeln« (ÜG 325). Im Lichte unseres Weltbildes könnte
man also sagen: »Der vernünftige Mensch glaubt: dass die Erde
längst vor seiner Geburt existiert hat, dass sein Leben sich auf
der Erdoberfläche oder nicht weit von ihr abgespielt hat, dass
er z. B. nie auf dem Mond war, dass er ein Nervensystem besitzt
und verschiedene Innereien wie alle anderen Menschen etc.
etc.« (ÜG 327). Und Unzähliges anderes also, das er – wie die
Grundannahmen des je eigenen Weltbildes – nie ernsthaft und
bewusst geprüft, sondern schlicht von Kindheit an zu glauben
gelernt hat. Dass jemand diese Überzeugungen teilt, ist der
Grund dafür, dass wir ihn im Lichte unseres Weltbildes als ›vernünftig‹ betrachten. Jeder Versuch, darüber hinaus in einem

besondere Weltbilder und Sprachspiele übergreifenden Sinne definieren zu wollen, was ›Vernunft‹ an und für sich sei, wäre dagegen schon wieder jener von Wittgenstein bereits in den *Philosophischen Untersuchungen* gebrandmarkte »Dogmatismus, in den wir beim Philosophieren so leicht verfallen« (PU 131).

Wittgenstein und ...

_____| wie ein Motto |_____
»*Das ist bereits alles, was sich darüber sagen lässt.*«
(Ts 222: 137)

... Wirkungen und Folgen?

Man kann vielleicht nicht sagen, dass Wittgenstein in aller
Munde sei. Gleichwohl dürfte er heute zu denjenigen Autoren
gehören, die in unterschiedlichsten Zusammenhängen am häufigsten als Kronzeugen für alles und jedes aufgerufen werden.
Manche Wörter, die er prägte oder auf spezifisch eigene Weise
benutzte, sind in den allgemeinen Sprachgebrauch übergegan-
gen und werden oftmals verwendet, ohne dass sich die jeweiligen Verwender über ihre Herkunft aus Wittgensteins Schriften, geschweige denn über ihre Bedeutung bewusst wären – so
z. B. die Wörter ›Sprachspiel‹ und ›Lebensform‹. »Wir können
heute nicht ausschließen«, schrieb Eike von Savigny, »dass von
Wittgenstein nur die Reizwörter ›Sprachspiel‹ und ›Lebensform‹
übrigbleiben; jenes, weil es so heimelig an den Kindergarten,
dieses, weil es an die unhintergehbare Relativität der Funda-

© Springer-Verlag GmbH Deutschland, ein Teil von Springer Nature 2019
S. Majetschak, *Wittgenstein und die Folgen*, https://doi.org/10.1007/978-3-476-04935-3_6

mente menschlichen Seins erinnert« (von Savigny 1999, 120). Auch wenn also niemand mehr Wittgensteins Schriften kennt, werden sich so immer noch Spuren seiner Philosophie in unserer Sprache finden.

Noch sind Wittgensteins Schriften aber – glücklicherweise – wenigstens in einigen Bereichen der Gegenwartskultur präsent. Seine Form des Philosophierens in kurzen Bemerkungen von manchmal aphoristischer Brillanz macht es freilich verlockend, sich aus Wittgensteins Schriften gleichsam wie aus einem Steinbruch zu bedienen und einzelne Bemerkungen für Zwecke zu instrumentalisieren, die wenig oder nichts mit dem zu tun haben, was Wittgenstein damit intendierte. Wer gelegentlich durch Kunstkataloge blättert, weiß, dass vielen Katalogtexten ein Wittgenstein-Zitat als Motto vorangestellt ist, meist ohne dass dieses auch nur entfernt mit den behandelten Kunstwerken zu tun hätte. Kein Satz Wittgensteins dürfte es in solchem Zusammenhang zu ähnlicher Prominenz gebracht haben wie Satz 7 der *Logisch-Philosophischen Abhandlung*: »Wovon man nicht sprechen kann, darüber muss man schweigen.« In sprachwissenschaftlichen Kontexten ist wiederum oft von ›Wittgensteins Gebrauchstheorie der Bedeutung‹ die Rede, die es bei ihm als solche gar nicht gibt. Doch allzu leicht lässt sich der berühmte Satz aus Nr. 43 der *Philosophischen Untersuchungen* aus dem Kontext reißen: »Die Bedeutung eines Wortes ist sein Gebrauch in der Sprache.« Angesichts der weiten Verbreitung solcher Rezeptionsgepflogenheiten – keineswegs allein in der Sprachwissenschaft – wird unklar, welche Art der Bezugnahme auf sein Werk man überhaupt als eine ›Wirkung‹ Wittgensteins betrachten soll.

Auch Folgen seines Philosophierens sind schwer zu greifen. Anderes als Marx hat Wittgenstein keine politischen Folgen gezeitigt. Seine Philosophie hat auch nicht zu grundstürzenden Veränderungen im Selbstverständnis der Menschen geführt, wie sie andere Autoren durchaus bewirkt haben. »Zwei große

Kränkungen ihrer naiven Eigenliebe hat die Menschheit im Lauf der Zeiten«, wie Freud (2000, 283) wohl nicht zu Unrecht meinte, z. B. durch Kopernikus und Darwin erfahren, deren Werke für die Erschütterung ihres einstmals ungebrochen anthropozentrischen Weltbildes folgenreich waren. Eine weitere, irreversible Kränkung hat ihr – nach seiner aus wirkungsgeschichtlicher Perspektive gewiss zutreffenden Auffassung – auch Freud selbst beigebracht, der das Denken im 20. Jahrhundert veränderte, in dem er dem Ich nachwies, »dass es nicht einmal Herr ist im eigenen Hause, sondern auf kärgliche Nachrichten angewiesen bleibt von dem, was unbewusst in seinem Seelenleben vorgeht« (Freud 2000, 284). Auch für Wittgenstein ist diese Einsicht, wie sich gezeigt hat, nicht ohne Folgen geblieben. Doch wo hätte sein Denken selbst vergleichbare Folgen gezeigt? Folgen, die denjenigen von Kopernikus, Marx, Darwin oder Freud gleichkommen würden, haben sich aus Wittgensteins Werk – bislang – nicht ergeben. Und es ist zweifelhaft, ob sie zu erwarten sind.

Einige Wirkungen Wittgensteins lassen sich jedoch gleichwohl benennen. In den Künsten – Bildende Kunst, Musik, Literatur und Filmkunst – hat er weniger durch sein Denken als durch seine Persönlichkeit gewirkt und Kunstwerke inspiriert, die mehr oder weniger konkret auf ihn und seine Philosophie Bezug nehmen. Innerhalb der Grenzen der akademischen Philosophie, zunächst in der angelsächsischen Welt, aber in den letzten Dekaden mehr und mehr auch in Kontinentaleuropa, ist er zu einem großen Teil dafür verantwortlich, dass sich eine neue Methode des Philosophierens durchgesetzt hat, die man als sprachanalytische Philosophie bezeichnet. Sie ist von der Überzeugung bestimmt, dass man in der Philosophie nicht unmittelbar auf die ›Sachen selbst‹ losgehen kann, sondern dass es ratsam ist, zunächst die Art und Weise zu erörtern, wie wir über sie sprechen. Denn anders kann man nicht sicher sein, dass das, was wir über die Sachen sagen wollen, mehr und anderes ist als das Ergebnis einer Verhexung unseres Verstandes durch die Sprache.

Wittgenstein hat geglaubt, dass sich seine neue Art und Weise des Philosophierens in der philosophischen Zunft durchsetzen würde, wenn es ihm schon nicht gelänge – was er manchmal mit der ihm eigenen Radikalität angestrebt hat – die Probleme der Philosophie gänzlich zu verabschieden. Ja, er dachte wohl sogar, eine spätere Generation von Philosophen werde seine Methode routinierter als er selbst handhaben und so manche Redundanz, wie sie z. B. in seinen Bemerkungen über die Philosophie der Psychologie unverkennbar ist, vermeiden können. »Meine Art des Philosophierens«, schrieb er in diesem Sinne,

> »ist mir selbst immer noch & immer wieder, neu,
> & daher muss ich mich so oft wiederholen. Einer anderen
> Generation wird sie in Fleisch & Blut übergegangen sein
> & sie wird die Wiederholungen langweilig finden.
> Für mich sind sie notwendig. – Diese Methode ist im
> Wesentlichen der Übergang von der Frage nach der
> *Wahrheit* zur Frage nach dem *Sinn*.« (VB 3)

... die neuere Philosophiegeschichte

Von der Frage nach der Wahrheit zur Frage nach dem Sinn: Diese Methode machte in der zweiten Hälfte des 20. Jahrhunderts Schule. Nun schien es vielen nicht mehr philosophisch weiterführend, in Form von ›Was ist ...?‹-Fragen wie ›Was ist Schönheit?‹, ›Was ist Gerechtigkeit?‹ oder ›Was ist Sprache?‹ danach zu fragen, was die in Frage gestellten Gegenstände in Wahrheit seien, weil nach Wittgensteins Metaphysikkritik der Verdacht im Raum stand, dass diese ›Gegenstände‹ gar keine auf ihr wahres Wesen hin befragbaren Gegebenheiten sind, sondern uns von unserer Sprache nur als solche vorgegaukelt werden. Vielmehr gelte es zu fragen, was der Sinn der in den Fragen vorkommenden Wörter sei, d. h. wie sie in den Sprachspielen der Sprache, in der sie ihre Heimat haben, tatsächlich gebraucht werden. Dann werde man in vielen, wenn nicht den meisten Fällen bemerken, dass all jenes, was die klassische Metaphysik Europas darüber zu sagen hatte, auf Missdeutungen unserer Sprachspiele mit Wörtern wie ›Schönheit‹, ›Gerechtigkeit‹ oder ›Sprache‹ zurückverweist.

Obwohl Wittgenstein einerseits durchaus geglaubt hat, dass seine Methode des Philosophierens Schule machen werde, so war er andererseits keineswegs sicher, ob er dies wirklich wünschte. »Ich kann keine Schule gründen«, schrieb er – Georg Henrik von Wright (1986, 209) hat darauf aufmerksam gemacht –, »weil ich eigentlich nicht nachgeahmt werden will« (VB 69). Und er fügte hinzu: »Es ist mir durchaus nicht klar, dass ich eine Fortsetzung meiner Arbeit durch Andre mehr wünsche, als eine Veränderung der Lebensweise, die alle diese Fragen überflüssig macht« (VB 70). Eine Fortsetzung der eigenen Arbeit durch andere zu wünschen, erschien ihm vermutlich als Eitelkeit, kommt es doch darauf an, zu einer Weise des Lebens zu finden, die als solche resistent gegen metaphysische Versuchungen ist und damit eine Fortsetzung seiner Arbeit faktisch unnötig macht.

Aber die Arbeit wurde fortgesetzt – einmal mehr und einmal weniger in methodischen Formen, die Wittgenstein selbst als angemessen erschienen. Dabei hat Wittgenstein einen Einfluss auf die Entwicklung der Gegenwartsphilosophie gehabt, den Georg Henrik von Wright in einem 1977 gehaltenen Vortrag mit dem Titel »Wittgenstein und seine Zeit« (im engl. Orig. »Wittgenstein in Relation to His Times«) folgendermaßen beschrieb:

»Zusammen mit Ernst Mach und Bertrand Russell ist er der geistige Vater der einflussreichen Geistesströmung des logischen Positivismus oder logischen Empirismus, und

vieles von dem, was heute unter der Bezeichnung philosophische Logik, mathematische Grundlagenforschung und
Wissenschaftstheorie betrieben wird, kann man als Erbe
dieser Strömung ansehen. Diese Entwicklung geht
hauptsächlich aus vom *Tractatus* oder vielmehr davon, wie
andere dieses Werk interpretiert haben. Der späte
Wittgenstein hat mit seinen Gedanken eine Richtung
begründet, die man oft als Ordinary Language Philosophy
und im Deutschen als Philosophie der normalen Sprache
bezeichnet. Sie hatte ihre Blüte in den fünfziger und
frühen sechziger Jahren in Oxford und an einigen anderen
Universitäten der Englisch sprechenden Welt.«

(von Wright 1986, 206 f.)

Eine genauere Darstellung der Entwicklung mit Namen der am
Diskurs beteiligten Philosophen sowie einer Charakterisierung
ihrer Werke ist nicht nur im enggesteckten Rahmen dieses Buches kaum möglich:

»Die konzentrischen Wellen seines Einflusses gingen
zunächst von Cambridge und dann insbesondere von
Oxford aus, um sich über die ganze englischsprachige
Welt, über die skandinavischen Länder und sehr viel später
auch über das übrige Europa zu verbreiten. Die Zahl der
Philosophen, die über Wittgenstein geschrieben haben, ist
Legion, und die Zahl derer, die sich in ihren eigenen
Arbeiten der Ideen Wittgensteins bedient haben, ist groß.
Wollte man eine Darstellung wagen, die immerhin auf eine
vertretbare Auswahl dieser Arbeiten einginge, würde die
Aufgabe enzyklopädisches Ausmaß annehmen.«

(Hacker 1997, 263)

Peter Hacker, von dem dieses Zitat stammt, hat diese Aufgabe
in dem Buch mit dem Titel *Wittgenstein im Kontext der analytischen*

Philosophie dann doch wenigstens partiell in Angriff genommen, indem er einen informativen Überblick zumindest über die Fortsetzung der Arbeit durch Wittgensteins unmittelbare Schüler sowie die Entwicklung der Philosophie in Oxford zwischen 1945 und 1970 – beides im Lichte des Einflusses, den Wittgenstein darauf genommen hat – gegeben hat. Auf diese Darstellung sei verwiesen, wer detailliertere Auskünfte über die Protagonisten dieser Strömung des sprachanalytischen Philosophierens und ihre Schriften sucht.

Obwohl auch in Deutschland bereits relativ früh vereinzelt wissenschaftliche Bücher über Wittgensteins Philosophie erschienen sind (Specht 1963), hat es doch bis in die späten 1980er, frühen 1990er Jahre gedauert, bis Wittgensteins Philosophie auch von der hier vorherrschenden Universitätsphilosophie als ein satisfaktionsfähiger Gegenstand der Erforschung betrachtet wurde. Diese Verzögerung des Rezeptionsbeginns hat damit zu tun, dass zwischen der in der angelsächsischen Welt dominanten sprachanalytischen Philosophie und den auf dem Kontinent primär betriebenen Formen des Philosophierens beinahe jahrzehntelange Funkstille bestand. Denn die kontinentale Philosophie in der Tradition des Deutschen Idealismus, aber auch phänomenologische und hermeneutische Formen des Philosophierens, wie sie im frühen 20. Jahrhundert im Anschluss an Husserl und Heidegger entstanden, bildeten in der Sicht der Sprachanalytiker genau jene metaphysischen Theoriegeschwulste heraus, die sie als Sprachverwirrungen brandmarkten. Umgekehrt erschien der sprachanalytische Typus des Philosophierens vielen kontinentalen Philosophen als fortwährende Unterbietung und Verfehlung der Problemlagen, die Denker wie Kant und Hegel oder Husserl und Heidegger für die Philosophie erschlossen hatten. Doch inzwischen haben sich manche der alten Gräben geschlossen und es herrscht zwischen den ehemaligen Fronten zumindest einmal Funkverkehr. So hat sich mittlerweile auch in deutschsprachigen

Ländern eine lebendige Wittgenstein-Forschung entwickelt, die sich, schon weil hier die Sprache keine Barriere zu Wittgensteins Schriften bildet, oft stärker auf den nur in deutscher Sprache vorliegenden Nachlass Wittgensteins einlässt, als dies in der englischsprachigen Welt der Fall ist.

... die bildende Kunst

Weshalb Wittgenstein außerhalb der Philosophie gerade in den Künsten die spürbarsten – wenn auch oft im Einzelnen wenig greifbare – Wirkungen entfaltete, ist eine berechtigte Frage. Andeutungen zu einer Antwort hat der Künstler Hans-Peter Klie in seinem Vortrag »Wie ich Wittgenstein kennenlernte. Oder: Was Künstler an Wittgenstein so faszinierend finden« zu geben versucht. Klie hat sich künstlerisch intensiv mit dem Spätwerk Ludwig Wittgensteins auseinandergesetzt (*Wittgenstein-Trilogie* 2003/2006, »Philo so und so phie«, Installationen und Fotoarbeiten 1995–2005, St. Anna Kapelle, Passau 2006, »*Verstehen zu Verstehen*. Kunst zu Nietzsche und Wittgenstein«: Rauminstallation und Buch *Wir Metaphysiker*, Nietzsche-Dokumentationszentrum, Naumburg/Saale 2014). In seinem Vortrag möchte er »unter anderem eine Lanze für jene brechen, die« – wie die meisten Künstler, die Wittgenstein zum Thema ihrer Arbeiten machen – »mit Wittgenstein anders umgehen, als es für Fachwissenschaftler meistens üblich ist« (Klie 2007, 114). Nach Klie ist Wittgenstein für Künstler auf zweierlei Weise anziehend. Erstens sei da »in der Tat der Mensch Wittgenstein, der gleichermaßen faszinierend ist wie seine Texte, wenn man sie versteht« (ebd., 116) Dabei sei gar nicht wichtig, dass er »verschiedene Aspekte seiner Texte nicht verstehe – weil«, so gesteht er offen,

»mir einige Grundlagen zum fachwissenschaftlichen Verständnis fehlen. Das stört mich aber gar nicht, das ist so wie bei einer Reise durch ein Land, dessen Sprache man nur unbeholfen spricht – das Land und seine Menschen intuitiv verstehen kann man trotzdem. Ich lese Wittgenstein überwiegend fasziniert und bin stets auf der Suche nach Textstellen, die mich anspringen und anrühren. Hier ein plakatives Beispiel: Da treffe ich in den *Philosophischen Bemerkungen* im Anschluss an einige Gedanken zu den Kardinalzahlen plötzlich auf eine persönliche Notiz: ›Nach den Osterferien wieder in Cambridge angekommen. In Wien oft mit der Marguerite. Ostersonntag mit ihr in Neuwaldegg. Wir haben uns viel geküsst drei Stunden lang und es war sehr schön.‹ Was hat das hier zu suchen? Wie erklärt sich das?« (Ebd.)

Neben dem Faszinosum der Persönlichkeit und ihres literarischen Stils ist es, zweitens, aber noch etwas anderes, das Künstler in Wittgensteins Bann zu ziehen scheint: die Affinität seines Denkens zu dem der Künstler. Denn nicht nur für Klie war Wittgenstein selbst »gewissermaßen ein Künstler in seinem Metier« (ebd.), gleichsam »eine Künstlernatur von hinreissender Genialität« (Iven 2015, 97), wie ihn schon Moritz Schlick in einem Brief an Albert Einstein charakterisierte. Klie hebt hervor, »dass der Künstler nur selten in Kausalketten denkt, ja, dass ihm rein kausal gefundene Denkergebnisse in der Regel eher ein gleichgültiges Achselzucken verursachen. Seine Art des Denkens ist mehr ein Reagieren in Assoziationen und Bildern« (Klie 2007, 118). Und tatsächlich zeichnet dies zumindest partiell auch das Denken Wittgensteins aus, der sich in seiner Art des Philosophierens nicht so sehr für kausale oder historische Herleitungen, sondern für Übersicht verschaffende Gleichnisse und Bilder sowie für Darstellungsformen interessierte, die ›ästhetisch‹ überzeugen, d. h. durch die Art und Weise ihres Arrangements etwas hervorleuchten zu lassen, das sich anders nicht greifen lässt.

Darum verwundert es nicht, dass es eine ganze Anzahl Bildender Künstler gibt, die auf Wittgenstein künstlerisch reagiert haben. Aus dem Bereich der U. S.-amerikanischen Kunst werden in kunsthistorischen Zusammenhängen immer wieder Jasper Johns, Mel Bochner und Joseph Kosuth angeführt, bei denen sich zeigen lässt, dass sie »sich zwar in einen Kontext mit der Philosophie Ludwig Wittgensteins setzen lassen und dass Wittgenstein in unterschiedlicher Form zumindest partiell deren Arbeitsweise beeinflusst hat« (Kiel 2016, 244). Doch sein oft behaupteter Einfluss auf einzelne Kunstwerke ebenso wie auf die seinerzeitige amerikanischen Kunstentwicklung als solche ist kaum präzise fassbar. Aus Europa sind neben dem eben genannten Hans-Peter Klie – ohne Anspruch auf Vollzähligkeit – noch Doris Frohnapfel, Timm Ulrichs, Franz West, Erwin Wurm, Eduardo Paolozzi und Diemut Strebe als Künstler zu nennen, die Arbeiten geschaffen haben, welche auf Wittgenstein oder auf unter seinem Namen veröffentlichte Bücher Bezug nehmen. Für die deutschstämmige, in den USA lebende Künstlerin Diemut Strebe ist die Auseinandersetzung mit Wittgenstein in den von ihr als *works in progress* verstandenen, am Massachusetts Institute of Technology (MIT) realisierten Arbeiten *Fly Glass* und *House Kundmanngasse 19* sogar ein fortwährendes Projekt.

... die Schriftsteller

Wie Wittgenstein in seinen frühen Jahren dachte, kann es den Künsten, nicht zuletzt den literarischen Künsten gelingen, jenes Unaussprechliche, über das er in der *Logisch-Philosophischen Abhandlung* zu schweigen geboten hatte, doch indirekt zum Ausdruck zu bringen. Als Beispiel für ein Sprachkunstwerk, in dem dies der Fall sei, hatte Paul Engelmann im März 1917 an Wittgenstein das Gedicht *Graf Eberhards Weißdorn* von Ludwig Uhland geschickt.

Ludwig Uhland
Graf Eberhards Weißdorn

Graf Eberhard im Bart
Vom Württemberger Land,
Er kam auf frommer Fahrt
Zu Palästina's Strand.

Daselbst er einstmals ritt
Durch einen frischen Wald;
Ein grünes Reis er schnitt
Von einem Weißdorn bald.

Er steckt' es mit Bedacht
Auf seinen Eisenhut;
Er trug es in der Schlacht
Und über Meeres Flut.

Und als er war daheim,
Er's in die Erde steckt,
Wo bald manch neuen Keim
Der neue Frühling weckt.

Der Graf, getreu und gut,
Besucht' es jedes Jahr,
Erfreute dran den Mut,
Wie es gewachsen war.

Der Herr war alt und laß,
das Reislein war ein Baum,
Darunter oftmals saß
Der Greis im tiefsten Traum.

Die Wölbung, hoch und breit,
Mit sanftem Rauschen mahnt
Ihn an die alte Zeit
Und an das ferne Land!

In seinem Brief hatte Engelmann dieses Gedicht als »ein Wunder von Objektivität« bezeichnet (in Somavilla 2006, 23): »Fast alle andern Gedichte (auch die guten) bemühen sich, das Unaussprechliche auszusprechen, hier wird das nicht versucht, und eben deshalb ist es gelungen.« Wittgenstein bestätigte dies in seinem Antwortschreiben und fügte hinzu: »Und es ist so: Wenn man sich nicht bemüht, das Unaussprechliche auszusprechen, so geht *nichts* verloren. Sondern das Unaussprechliche ist, – unaussprechlich – in dem Ausgesprochenen *enthalten*.« (Ebd., 24 / BW 78)

Die Frage, wie es gelingen kann, das Unaussprechliche doch indirekt im Sagen zu zeigen und so zum Ausdruck zu bringen, sowie die neuen Weisen des Schreibens, wie sie Wittgenstein selbst verwendete, waren es wohl, was viele Schriftsteller an Wittgenstein als Sprachkünstler interessierte, wenn sie nicht zuletzt die *Logisch-Philosophische Abhandlung* oft als »ein fundamental poetisches Werk« lasen (Wiener 1990, 94). Es ist bekannt, dass sich viele namhafte Autorinnen und Autoren, unter ihnen z. B. Helmut Heißenbüttel, Ingeborg Bachmann, Peter Handke und Thomas Bernhard oder auch die Autoren der sogenannten Wiener Gruppe (Oswald Wiener, Friedrich Achleitner, Konrad Bayer und Gerhard Rühm), teils intensiv mit Wittgenstein beschäftigt haben. Dass diese Beschäftigung dann auch Spuren in ihren Texten hinterlassen hat, ist nicht überraschend. Weniger bekannt ist freilich, dass es in Deutschland keineswegs – wie es vielleicht zu erwarten wäre – professionelle Philosophen, sondern ebenfalls Literaten waren, die einen nicht unbeträchtlichen Anteil daran hatten, dass sich auch in der deutschsprachigen Welt Verleger für Wittgenstein zu interessieren begannen. Im Archiv des Piper Verlages »findet sich eine interne Notiz Klaus Pipers vom 22. Dezember 1958, in der es heißt: ›Heißenbüttel erzählte mir in Stuttgart von seiner Beschäftigung mit Wittgenstein [...]. Ich bitte um Prüfung und Beratung gelegentlich auch mit Ingeborg Bachmann über Wittgenstein-Möglichkeiten für die ›Sammlung Piper‹ (›Einführungsreihe‹).‹« (in Bachmann 2005, 557 f.). Doch das Wittgenstein-Projekt bei Piper zerschlug sich, und auch die Schriften Wittgensteins wurden zunächst weder von Piper noch von anderen deutschen Verlagen herausgebracht. Nach mehreren missglückten Bemühungen gelang es dann schließlich Ingeborg Bachmann, Siegfried Unseld, den Verleger des Suhrkamp Verlages, für eine Edition der *Logisch-Philosophischen Abhandlung* und der *Philosophischen Untersuchungen* zu gewinnen. Letzterer bedankte sich für ihre Initiative in einem Brief vom 13. Dezember 1960 bei ihr mit den Worten: »Ich bin sehr froh, dies bedeutsame Opus für den deutschen Sprachbereich gebracht zu haben und Du warst die Erste, die mich auf Wittgenstein aufmerksam gemacht hat. Dafür schulde ich Dir Dank« (ebd., 559).

Wenn es freilich um die Frage geht, *wie* sich die jeweilige Wittgenstein-Rezeption bei einzelnen Autoren literarisch niedergeschlagen hat, *was* sich also spezifisch dieser Rezeption verdankt und welches Verständnis von Wittgenstein in den Texten erkennbar wird, dann erweist es sich – wie schon im Falle der Bildenden Künste – oft als schwierig, präzise Aussagen zu treffen. So schreibt z. B. Wendelin Schmidt-Dengler in Bezug auf die Wittgenstein-Rezeption von Peter Handke: »Peter Handke hat auf Wittgensteins Schriften mehrfach explizit Bezug genommen: die Vermutung indes, dass von diesen Bezügen her auch die philosophische Substanz seines Werkes determiniert wäre, erweist sich als irrig. Nichts wäre der literarischen Qualität dieser Texte abträglicher, als sie auf dieses ›Vorbild‹ festlegen zu wollen und eine Überprüfung anzustellen, um die Gültigkeit einer Wittgenstein-Interpretation durch Handke zu bestätigen oder zu verwerfen« (Schmidt-Dengler 1990, 181). Wittgenstein ist in den Texten zwar unverkennbar präsent, aber – bei Handke wie bei anderen – oft nur als Platzhalter für etwas Ungesagtes, vielleicht Unsagbares. So ist dies z. B. auch bei Thomas Bernhard, der Wittgenstein zwar in zahlreichen seiner Bücher – im Falle von *Wittgensteins Neffe. Eine Freundschaft* von 1982 sogar bereits im Titel – namentlich erwähnt. Doch dabei scheint es gerade zur literarischen Strategie Bernhards zu gehören, dass Wittgenstein *nur* namentlich genannt und jede inhaltliche Aussage zu seiner Philosophie vermieden wird. Außerdem wird in manchen Texten von Bernhard auf Details aus Wittgensteins Biographie Bezug genommen (Huber 1990). Aber so etwas wie eine spezifische Sicht auf Wittgenstein lässt sich aus Bernhards Texten ebenso wenig wie aus jenen Handkes entnehmen.

Wie Literaten Wittgenstein sehen, wird ein wenig deutlicher allein dort, wo sie sich explizit über ihn geäußert haben. So z. B. Ingeborg Bachmann in einem Essay mit dem Titel »Ludwig Wittgenstein – Zu einem Kapitel der jüngsten Philosophiegeschichte«, den sie im Juli 1953 in den *Frankfurter Heften* veröffentlichte. »Als vor zwei Jahren Ludwig Wittgenstein in Cambridge starb«, so lässt sie ihren Versuch beginnen,

> »erschien in einigen Blättern eine kurze Notiz: ›Im Alter von ... verschied in ... der bekannte Philosoph ...‹ Nun, er war keineswegs bekannt; er war eigentlich der unbekannteste Philosoph unserer Zeit, ein Mann auf den ein Wort seines Landsmannes Karl Kraus zutrifft, der von sich einmal sagte: ›Ich bin berühmt, aber es hat sich noch nicht herumgesprochen.‹« (Bachmann 2005, 64)

Ihrer Zeit war sie, zumindest für den deutschsprachigen Raum, allerdings noch einige Jahre voraus, wenn sie am Schluss ihres Textes meinte, »die Zeit für die Entdeckung Wittgensteins dürfte gekommen sein« (ebd., 74). Da sie die *Philosophischen Untersuchun-*

gen zu diesem Zeitpunkt nur vom Hörensagen kennt, stellt sie in ihrem Essay hauptsächlich einige Grundgedanken der *Logisch-Philosophischen Abhandlung* dar und deutet diese als ein metaphysikkritisches Unternehmen, vergleichbar den Bestrebungen anderer Philosophen im Umfeld des Wiener Kreises. »Doch wäre es falsch«, betont sie, »Wittgenstein – was fortwährend geschieht – mit dieser Schule zu identifizieren und [...] zu übersehen, was seinem Werk den höchsten Rang sichert. Nicht die klärenden, negativen Sätze, die die Philosophie auf eine logische Analyse der naturwissenschaftlichen Sprache beschränken und die Erforschung der Wirklichkeit an die naturwissenschaftlichen Spezialgebiete preisgeben, sondern seine verzweifelte Bemühung um das Unaussprechliche, die den ›Tractatus‹ mit einer Spannung auflädt, in der er sich selbst aufhebt, [...] ist ein erneutes, stets zu erneuerndes Mitdenken wert« (ebd., 65).

Etwas später als Bachmanns Essay erschien im Dezember 1953 in der Zeitschrift *Merkur* ein weiterer literarischer Essay mit dem Titel *Ludwig Wittgenstein* aus der Feder des Schriftstellers und Kritikers Albrecht Fabri, der gewöhnlich übersehen wird, wenn es um das Thema ›Wittgenstein und die Schriftsteller‹ geht. »Wenn der Ruhm darin bestünde«, so beginnt Fabri seinen Essay mit einem Topos, der dem von Bachmann verwendeten von dem berühmt unbekannten und unbekannt berühmten Philosophen Ludwig Wittgenstein nicht unähnlich ist, »in möglichst vieler Munde zu sein, hätte die Bitterkeit recht, die in ihm nur eine andere Form von Unbekanntheit sehen will. Aber diese Art Ruhm ist doch allenfalls ein Zerrbild. Ruhm setzt nicht Bekanntheit in die Breite voraus, sondern in die Höhe; seine Größe lässt sich nicht quantitativ, nur qualitativ bestimmen; im äußersten Fall kann er darum sogar in Gestalt des verschwiegenen Ruhms auftreten; von dieser Art ist der Ruhm Ludwig Wittgensteins« (Fabri 2000, 374).

Anders als Bachmann war Fabri 1953 mit den *Philosophischen Untersuchungen* bereits durchaus vertraut, und er zeigte sich in seinem Essay fasziniert von der in beiden Hauptwerken Wittgensteins betriebenen Selbstaufhebung der Philosophie, die er als ihren »Selbstmord« (ebd.) bezeichnet. Und er meint zu sehen, dass Wittgenstein mit der ihm eigenen Radikalität des Denkens die Philosophie an ihre äußerste Grenze führt, »wo Philosophie aufhören und in etwas anderes übergehen muss. Wäre es der Punkt, an dem der Verdacht recht bekäme, den neulich einmal Gottfried Benn aussprach? Ich meine seinen Verdacht, dass im Grund auch die Philosophen dichten wollten« (ebd., 377 f.). Wittgensteins Bemerkung, dass man ›Philosophie eigentlich nur dichten dürfte‹, kannte Fabri seinerzeit noch nicht, denn er fand nichts »bei Wittgenstein zwar, das ausdrücklich und direkt dazu berechtigte, ihn in dieser Richtung zu deuten« (ebd., 378). Doch immerhin finde

> »sich in den Philosophischen Untersuchungen eine Reihe sonderbarer Sätze. Dieser zum Beispiel: ›Gegeben die beiden Begriffe ›fett‹ und ›mager‹: würdest du eher geneigt sein zu sagen, Mittwoch sei fett und Dienstag sei mager, oder umgekehrt?‹ – Er selber neige mehr zum ersteren, setzt Wittgenstein hinzu. Das Problem, das er hier aufwirft, ist jedenfalls ein poetologisches. Aus seiner semantischen stößt Wittgenstein in die Ausdruckssphäre des Wortes vor; von der Verwendung des Wortes als Zeichen kommt er zu seiner Verwendung im Gedicht. Er notiert etwa, dass, wenn man ein Wort zehnmal wiederholt, das betreffende Wort seine Bedeutung verliert und zum bloßen Klang wird. Aber ist das so zum bloßen Klang gewordene Wort nicht das primäre? – Das absolute Wort gleichsam? – Wohlgemerkt, Wittgenstein selbst tut diesen Schritt nicht, aber ich meine, er zeichnet sich ab: mündet Philosophie ins Schweigen, kann sie auch ins Gedicht münden; gerade in seiner höchsten Form sagt das Gedicht ja doch, genau genommen, nichts«. (Ebd.)

Zum Thema ›Wittgenstein und die Literaten‹ sei schließlich zuletzt noch bemerkt, dass es Wittgenstein über die erwähnten literarischen Aneignungen hinaus sogar auch ins Genre des Kriminalromans geschafft hat. In Philip Kerrs 1992 unter dem Titel A Philosophical Investigation (Das Wittgenstein-Programm, 1994) veröffentlichtem Krimi plant ein Verbrecher seine Morde mithilfe von Wittgenstein'schen Gedankengängen, so dass Chefinspektorin Isidora ›Jake‹ Jakowicz einen Philosophieprofessor zu ihren Ermittlungen hinzuziehen muss. Und in Heinrich Steinfests Kriminalroman Nervöse Fische aus dem Jahre 2004 trägt der Wiener Chefinspektor Richard Lukastik während seiner Untersuchungen immer die Suhrkamp-Ausgabe der Logisch-Philosophischen Abhandlung bei sich.

... die Musik

Ein Buch kann man nicht zum Erklingen bringen, aber wer in einem Internet-Portal wie youtube die Namen »Numminen« und »Wittgenstein« in die Suchmaske eingibt, wird auf die skurrilen Vertonungen stoßen, die der finnische Musiker und Sänger Mauri Antero Numminen einigen von Wittgensteins Bemerkungen zuteilwerden ließ. Einen guten Eindruck von Numminens Qualitäten als Sänger und Tänzer erhält man in einem Film von Helena Vapaa mit dem Titel The General Form of a Truth-Function (Finnland 1991), für den Numminen das Drehbuch und die Musik geschrieben hat. Sein bekanntestes Werk ist eine Vertonung einiger Sätze der Logisch-Philosophischen Abhandlung, die er 1966 unter dem Titel Tractatus-Suite vorgenommen hat. Numminen hatte in seinem Philosophie-Studium im Wintersemester 1964/65 eine Vorlesung von Erik Stenius gehört, die sich mit Wittgensteins Werk Tractatus Logico-Philosophicus befasste. Gleichzeitig hatte Numminen, wie er berichtet, »eine Rockband mit einem anderen Soziologiestudenten, Pekka Gronow, denn Soziologie war mein Hauptfach. Wir spielten Rhythm and Blues und finnischen Tango. Plötzlich kam mir die Idee, Philosophie und Populärmusik zu vereinen. Und so komponierte ich meine ersten Lieder zu Wittgensteins *Tractatus*, sechs Lieder in verschiedenen Stilen und Rhythmen, meistens auf Englisch« (Numminen 2016, 13). Nach anfänglichem, katastrophalen Misserfolg werden dies Kompositionen bis heute aufgeführt und genießen bei manchen einen gewissen Kultstatus. Denn die Aufführungen haben Performance-Charakter, wobei der Zuschauer, wie bemerkt wurde, nie so recht weiß, ob sie als ernsthafte Auseinandersetzungen mit Wittgenstein oder als Parodien gemeint sind (Toopeekoff 2016, 48).

Diese konzertanten Performances werden oft auch in Kontexten der Bildenden Kunst aufgeführt. In Deutschland war dies etwa im Rahmen der dOCUMENTA 13 2012 in Kassel der Fall, in deren Begleitbuch das damalige Geschehen wie folgt beschrieben ist:

Wittgenstein und …

»Die dOCUMENTA (13) präsentiert ein Programm mit performativen Werken Numminens unter dem Titel *Wittgenstein Compositions*. Der erste Teil, den das Defunensemble Orchestra mit der Sopranistin Mia Huhta bestreitet, besteht aus zwei im klassischen Stil komponierten Arbeiten: *Fragen an Ludwig Wittgenstein*, einer zwanzig Minuten langen Komposition für Sopran und Quintett, deren Text Wittgensteins Notizen *Über Gewissheit* entnommen ist, sowie *Gedankenaustausch über Wittgensteins Bemerkungen*, ebenfalls für Sopran und Quintett, das auf Aufzeichnungen des Philosophen beruht, die unter dem Titel *Vermischte Bemerkungen* veröffentlicht wurden. Im zweiten Teil wird die *Tractatus-Suite*, Numminens Wittgenstein-Komposition aus den 1960er Jahren, präsentiert: sechs Lieder auf der Grundlage des *Tractatus Logico-Philosophicus*, gesungen von Numminen und begleitet von Pedro

Hietanen am Klavier. Die Komposition verbindet verschiedene Musikstile wie Jazz, Rock, Slowfox, Punk, Klassik und Marschmusik und wurde 25 Jahre lang immer wieder in vielen europäischen Ländern aufgeführt«.

(dOCUMENTA [13], 222)

Numminen wird manchmal dafür gerühmt, dass sich seine Wittgenstein-Kompositionen intensiver auf die Gedankenwelt Wittgensteins einließen als andere künstlerische Auseinandersetzungen mit ihr. Wenn man sich die Libretti zu *Fragen an Ludwig Wittgenstein* und *Gedankenaustausch über Wittgensteins Bemerkungen* anschaut (abgedruckt in Toopeekoff 2016, 73 ff.), wird freilich mancher zweifeln, in welchem Maße dies der Fall ist. Denn Numminens Kommentierung von Wittgensteins Bemerkung »Unsere größten Dummheiten können sehr weise sein« (VB 45) durch den Satz: »Wir machen so viele Dummheiten, dass wir uns nicht erinnern können, welche davon weise gewesen sein könnte« wirkt eher kabarettistisch.

Im Zusammenhang von Beiträgen zur darauf folgenden dOCUMENTA14 wurde gelegentlich die Behauptung lanciert, auch einige Komponisten avantgardistischer Neuer Musik im 20. Jahrhundert, etwa Cornelius Cardew und Jani Christou, seien von Wittgenstein'schen Gedanken in einem Maße beeinflusst gewesen, die einige ihrer Kompositionstechniken sowie die von ihnen verwendeten graphischen Partituren, die in der Neuen Musik ja sehr oft von klassischen Notationen in Notenschrift abweichen, verständlich mache. Dem griechischen Komponisten Jani Christou wurde sogar nachgesagt, in den 1940er Jahren bei Wittgenstein in Cambridge studiert zu haben. Ein konkreter Nachweis konnte dafür aber nicht erbracht werden (Kiel 2017).

... die Musik

... das Kino

Wittgenstein liebte das Kino. Insbesondere Hollywood-Filme mit den zu seiner Zeit populären Filmdiven Carmen Miranda und Betty Hutton schätzte er als Entspannung nach der intellektuellen und physischen Anstrengung seiner Cambridger Lehrtätigkeit. Wittgenstein war sich der Wirkung, die Kinofilme auf ihn ausübten, wohl bewusst und hat in ihr – so sehr er auch überzeugt war, dass der Geist seines Werkes ein anderer sei als der des *mainstreams* der europäischen und amerikanischen Zivilisation – ein Zeichen der Modernität seines Geistes gesehen. »In einer Beziehung«, so notierte er Anfang der dreißiger Jahre einmal, »muss ich ein sehr moderner Mensch sein, weil das Kino so außerordentlich wohltätig auf mich wirkt. Ich kann mir kein Ausruhen des Geistes denken, was mir adäquater wäre als ein amerikanischer Film. Was ich sehe & die Musik geben mir eine selige Empfindung vielleicht in einem infantilen Sinne, aber darum natürlich nicht weniger stark« (Ms 183, 21). Solch entspannende Wirkung amerikanischer Filme war ihm wichtig, doch lässt sich sein Interesse an Kinofilmen auf sie nicht reduzieren. Denn ein Film liefere ihm, »wenn er nicht zu fürchterlich schlecht ist«, immer auch »Material für Gedanken und Gefühle« (Ms 183: 89). Tatsächlich veranlasse ein Film den Zuschauer ja zu seiner Interpretation, weil »der Film etwas Ähnliches« ist, »wie ein Traum«; – ein sprachartiges Gebilde, dessen manifeste Bilder auf einen latenten Gehalt verweisen, weshalb sich »die Freud'schen Gedanken« (Wittgenstein meint wohl: zur Traumdeutung) »unmittelbar auf ihn anwenden« lassen (Ms 183, 22).

Im Jahre 1993 hat der britische Filmregisseur Derek Jarman einen Spielfilm über Wittgensteins Leben gedreht, der den Zuschauer in besonderem Maße zu einer psychoanalytischen Betrachtung veranlasst (*Wittgenstein*, England 1993; Drehbuch: Ken Butler, Terry Eagleton und Derek Jarman; mit Karl Johnson, Michael Gough, Tilda Swinton u. a.). Am Anfang von Jarmans Projekt stand vermutlich eine Frage: Kann man ein Leben, noch dazu das Leben eines Philosophen wie Ludwig Wittgenstein, über das schon zu seinen Lebzeiten zahlreiche Legenden kursierten, überhaupt authentisch zur Darstellung bringen? Und noch dazu: mit welchen filmischen Mitteln? Wie könnte dies gelingen, ohne dass dieses Leben so profan erscheint wie jedes, das wir nicht im Lichte seiner Wirkung und Vollendung, sondern in Momentaufnahmen oft trister und banaler gelebter Wirklichkeit sehen? Und Jarmans Antwort mag gewesen sein: Es gelingt wohl nur mit den Mitteln der Kunst, paradoxerweise gerade nur mittels einer theatralischen Inszenierung gelebten Lebens, die vor dem ins Bild gesetzten Leben den Vorhang aufzieht.

Diese Antwort könnte Jarman bei Wittgenstein selbst gefunden haben. »Denken wir uns ein Theater«, schrieb er 1930, »der Vorhang ginge auf & wir sähen einen Menschen allein in seinem Zimmer auf & ab gehen, sich eine Zigarette anzünden, sich niedersetzen u. s. f., so, dass wir plötzlich von außen einen Menschen sähen, wie man« ihn »sonst nie sehen kann; wenn wir quasi ein Kapitel seiner Biographie mit eigenen Augen sähen, – das müsste unheimlich & wunderbar zugleich sein. [...] Wir würden das Leben selbst sehen« (VB 6). Jarmans Film inszeniert Wittgensteins eigenes Leben auf einer Theaterbühne und lässt ihn nicht irgendetwas spielen, sondern zumeist in Worten, die er tatsächlich in Briefen, Tagebüchern oder philosophischen Texten niedergeschrieben hat, Stationen seiner Biographie durchleben, die durch Quellen verbürgt sind. Tatsächlich ist es manchmal unheimlich und wunderbar, in diesem gelegentlich absurden und komischen Theater dann plötzlich nicht mehr den Schauspieler Karl Johnson, sondern Ludwig Wittgenstein selbst agieren zu sehen. Denn der Kunst des Theaters gelingt, was Wittgenstein selbst sich von aller Kunst versprach, den Gegenstand der Darstellung in eine Perspektive zu rücken, in der

... das Kino

man ihn gewöhnlich nicht zu sehen vermag. »Das Kunstwerk zwingt« uns, wie Wittgenstein meinte, »– sozusagen – zu der *richtigen* Perspektive«, in Jarmans Fall wohl gerade durch die extreme Künstlichkeit der Inszenierung, »ohne die Kunst aber ist der Gegenstand ein Stück Natur, wie jedes andere« (VB 7) – Wittgensteins Leben so profan, wie jedes andere.

Seit Jarmans Film in die Kinos kam, hat man über die Frage diskutiert, ob – und falls ja, in welchem Maße – er ein angemessenes Bild von Wittgenstein zeige, ob es ihm wirklich gelingt, die Figur Ludwig Wittgenstein gleichsam in eine Perspektive zu setzen, die den Zuschauer erkennen lässt, was von seinem Denken bleibt. Dass Wittgenstein, der Liebhaber von Krimis, Western und Musicals, Jarmans Film gemocht hätte und sich von ihm angemessen charakterisiert gesehen hätte, ist unwahrscheinlich. Und doch ist gerade von diesem Film nicht zu bestreiten, dass die »Arbeit des Künstlers« sich in ihm bemüht, Wittgensteins »Welt sub specie aeterni einzufangen« (VB 7) und für den Zuschauer deutlich werden zu lassen, worum es ihm in Leben und Philosophie stets ging: eine Sicht auf die Welt und die Philosophie zu finden, die die drängenden Probleme des Lebens ebenso wie die das Denken beunruhigenden Probleme der Philosophie zum Verschwinden bringt.

Dank

Für eine kritische Durchsicht des Manuskripts zum vorliegenden Buch sowie zahlreiche Korrekturen und Verbesserungsvorschläge danke ich Benjamin Kiel, Jasmin Trächtler und Anja Weiberg.

Siglenverzeichnis

Die Schriften Ludwig Wittgensteins werden im vorliegenden Buch mit den nachstehend aufgeführten Siglen zitiert. Sofern die Bemerkungen in Wittgensteins Schriften nummeriert sind, bezieht sich die Ziffer hinter dem Sigel auf die Bemerkungsnummer. Über die Bemerkungsnummer können die im Buch zitierten Stellen aus Wittgensteins Schriften auch in anderen als den nachstehend aufgeführten Ausgaben aufgefunden werden. Sofern Wittgensteins Bemerkungen nicht nummeriert sind, bezieht sich die Ziffer auf die Seitenzahl. Wenn Manuskript- oder Typoskriptseiten beidseitig beschriftet sind, wird dies durch recto (r) und verso (v) kenntlich gemacht.

Zitate aus Wittgensteins Schriften wurden heutigen Rechtschreib- und Zeichensetzungsregeln angepasst.

AWL Cambridge 1932–1935. Hg. von Alice Ambrose, übersetzt von Joachim Schulte. In: Ludwig Wittgenstein. Vorlesungen 1930–1935. Frankfurt a. M. 1984, 141–442.
BLF und VE Bemerkungen über logische Form / Vortrag über Ethik. In: Ludwig Wittgenstein: Vortrag über Ethik und andere kleine Schriften. Hg. von Joachim Schulte. Frankfurt a. M. 1989.

BGM Bemerkungen über die Grundlagen der Mathematik. Hg. von G. E. M. Anscombe, Rush Rhees & G. H. von Wright, Werkausgabe Bd. 6. Frankfurt a. M. 1984.

BPP Bemerkungen über die Philosophie der Psychologie. Letzte Schriften über die Philosophie der Psychologie, Bd. 1 hg. von G. E. M. Anscombe und G. H. von Wright, Bd. 2 hg. von G. H. von Wright und Heikki Nyman. Frankfurt a. M. 1984.

BÜF Bemerkungen über die Farben / Remarks on Colour. Hg. von G. E. M. Anscombe. Oxford 1977.

BW Briefwechsel. Herausgegeben von Brian McGuinness und G. H. von Wright. Frankfurt a. M. 1980.

DS Diktat für Schlick. In: The Voices of Wittgenstein. The Vienna Circle. Ludwig Wittgenstein und Friedrich Waismann. Original German texts and English Translations. Transcribed, edited and with an introduction by Gordon Baker. London/New York 2003.

GT Geheime Tagebücher 1914–1916. Hg. und dokumentiert von Wilhelm Baum. Wien/Berlin 1991.

LPA Logisch-philosophische Abhandlung. Tractatus logico-philosophicus. Kritische Edition. Hg. von Brain McGuinness und Joachim Schulte. Frankfurt a. M. 1989.

LSPP Letzte Schriften über die Philosophie der Psychologie / Last Writings on the Philosophy of Psychology. Hg. von G. H. von Wright und Heikki Nyman, Bd. 1. Oxford 1982.

LWL Cambridge 1930–1932. Hg. von Desmond Lee, übersetzt von Joachim Schulte. In: Ludwig Wittgenstein. Vorlesungen 1930–1935. Frankfurt a. M. 1984, 9–139.

PU Philosophische Untersuchungen. Auf der Grundlage der Kritisch-genetischen Edition neu hg. von Joachim Schulte. Frankfurt a. M. 2003.

TB Tagebücher 1914–1916. In: Ludwig Wittgenstein: Tractatus logico-philosophicus, Tagebücher 1914–1916, Philosophische Untersuchungen, Werkausgabe Bd. 1. Frankfurt a. M. 1984.

Ts und Ms Wittgenstein's Nachlass. The Bergen Electronic Edition. Oxford 1998–2000.

ÜG Über Gewissheit / On Certainty. Hg. von G. E. M. Anscombe und G. H. von Wright. Oxford 1974.

VB Vermischte Bemerkungen. Eine Auswahl aus dem Nachlass. Herausgegeben von G. H. von Wright unter Mitarbeit von Heikki Nyman. Neubearbeitung des Textes durch Alois Pichler. Oxford 1998.

WBG Wörterbuch für Volksschulen. Mit einer Einführung hg. von Adolf Hübner-Werner und Elisabeth Leinfellner. Wien 1977.

Z Zettel. Hg. von G. E. M. Anscombe und G. H. von Wright. Berkeley/Los Angeles 1967.

Siglenverzeichnis

Literaturverzeichnis

Anderson, Allan Ross: Mathematics and the ›Language Game‹.
In: The Review of Metaphysics 11.3 (1958), 446–458.

Bachmann, Ingeborg: Kritische Schriften. Hg. von Monika
Albrecht und Dirk Göttsche, München/Zürich 2005.

Baker, Gordon: Wittgenstein's Method. Neglected Aspects.
Essays on Wittgenstein by Gordon Baker. Edited and
introduced by Katherine J. Morris. Oxford 2006.

Bernays, Paul: Betrachtungen zu Ludwig Wittgensteins
›Bemerkungen über die Grundlagen der Mathematik‹.
In: Ratio II.1 (1959), 1–22.

Biesenbach, Hans: Anspielungen und Zitate im Werk Ludwig
Wittgensteins. Sofia 2014.

Carnap, Rudolf: Überwindung der Metaphysik durch logische
Analyse der Sprache. In: Erkenntnis 2 (1931), 219–241.

Diamond, Cora: Ethics, Imagination and the Method of
Wittgenstein's Tractatus. In: Richard Heinrich/Helmuth
Vetter (Hg.): Bilder der Philosophie. Wien/München 1991.

dOCUMENTA (13). Das Begleitbuch/The Guidebook. Katalog/
Catalog 3/3, Ostfildern 2012.

Drehmel, Jan/Jaspers, Kristina (Hg.): Ludwig Wittgenstein.
Verortungen eines Genies. Hamburg 2011.

Fabri, Albrecht: Ludwig Wittgenstein. In: Ders.: Der schmut-
zige Daumen. Gesammelte Schriften. Hg. von Ingeborg
Fabri und Martin Weinmann. Frankfurt a. M. 2000,
374–378.

Fischer, Eugen: Therapie statt Theorie. Das *Big Typescript* als
Schlüssel zu Wittgensteins später Philosophieauffassung.
In: Majetschak 2006, 31–59.

Flowers III., F. A./Ground, Ian (Eds.): Portraits of Wittgenstein.
London u. a. 2016.

Frege, Gottlob: Begriffsschrift und andere Aufsätze.
Mit E. Husserls und H. Scholz' Anmerkungen. Hg. von
Ignacio Angelelli. Darmstadt 1964.

Freud, Sigmund: Vorlesungen zur Einführung in die Psychoanalyse. Und Neue Folge, Studienausgabe Bd. 1. Hg.
von Alexander Mitscherlich, Angela Richards und James
Strachey. Frankfurt a. M. 2000.

Freud, Sigmund: Die endliche und die unendliche Analyse.
In: Ders.: Schriften zur Behandlungstechnik. Studienaus-
gabe Ergänzungsband. Hg. von Alexander Mitscherlich,
Angela Richards und James Strachey. Frankfurt a. M. 2000a.

Hacker, Peter M. S.: Einsicht und Täuschung. Wittgenstein
über Philosophie und die Metaphysik der Erfahrung.
Frankfurt a. M. 1978.

Hacker, Peter M. S.: Wittgenstein im Kontext der analytischen
Philosophie. Frankfurt a. M. 1997.

Hacker, Peter M. S./Schulte, Joachim: The Text of the
Philosophische Untersuchungen. In: Ludwig Wittgenstein:
Philosophische Untersuchungen / Philosophical Investi-
gations. Translated by G. E. M. Anscombe, P. M. S. Hacker
and Joachim Schulte. Revised fourth edition by P. M. S.
Hacker and Joachim Schulte. Oxford 2009, xviii–xxiii.

Hacker, Peter M. S.: Wittgenstein on Grammar, Theses and
Dogmatism, in: Philosophical Investigations 35.1 (2012),
1–17.

Huber, Martin: Wittgenstein zu Besuch bei Goethe. Zur Rezeption Ludwig Wittgensteins im Werk Thomas Bernhards. In: Schmidt-Dengler/Huber/Huter 1990, 193–206.

Iven, Mathias: Wittgensteins Matura. In: Wilhelm Lütterfelds/Andreas Roser/Richard Raatzsch (Hg.): Wittgenstein-Jahrbuch 2001/2002. Frankfurt a. M. u. a. 2003, 207–244.

Iven, Mathias: Wittgenstein und Schlick. Zur Geschichte eines Diktats. In: Friedrich Stadler/Hans Jürgen Wendel unter Mitarbeit von Edwin Glassner (Hg.): Stationen. Dem Philosophen und Physiker Moritz Schlick zum 125. Geburtstag, Schlick-Studien, Bd. 1. Wien/New York 2009, 63–80.

Iven, Mathias (Hg.): Er »ist eine Künstlernatur von hinreissender Genialität«. Die Korrespondenz zwischen Ludwig Wittgenstein und Moritz Schlick sowie ausgewählte Briefe von und an Friedrich Waismann, Rudolf Carnap, Frank P. Ramsey, Ludwig Hänsel und Margret Stonborough. In: Wittgenstein-Studien 6 (2015), 83–174.

Janik, Allan/Toulmin, Stephen: Wittgensteins Wien. München/Wien 1984.

Janik, Allan/Veigl, Hans: Wittgenstein in Wien. Wien 1998.

Janik, Allan: Nachwort. In: Annette Steinsiek/Anton Unterkircher (Hg.): Ludwig (von) Ficker – Ludwig Wittgenstein. Briefwechsel 1914–1920. Innsbruck 2014, 125–137.

Keicher, Peter: Wittgensteins Bücher. In: Peter Hughes/Thomas Fries/Tan Wälchli (Hg.): Schreibprozesse. Paderborn/München 2008, 193–222.

Keicher, Peter: Die Wittgenstein-Werkausgabe und ihre Quellen im Nachlass. In: From the ALWS archives: A selection of papers from the International Wittgenstein Symposia in Kirchberg am Wechsel (http://wab.uib.no/agora-alws/). Republication by the Wittgenstein Archives at the University of Bergen, 2013, 1–4 (Original publication in: Papers of the 24th IWS: Wittgenstein and the Future of Philosophy –

A Reassessment after 50 Years. Eds. R. Haller/K. Puhl.
Kirchberg am Wechsel: ALWS 2001, 392–398).

Kenny, Anthony: Wittgenstein. Frankfurt a. M. ⁴1989.

Kerr, Philip: Das Wittgenstein-Programm. Reinbek 1994.

Kiel, Benjamin/Toopeekoff, Jelena: Die Rezeption der
Philosophie Ludwig Wittgensteins in der zeitgenössischen
Kunst. Kassel 2016.

Kiel, Benjamin: Zum Einfluss der Philosophie Ludwig
Wittgensteins auf die Entwicklung der amerikanischen
Kunst in den 1960er Jahren. In: Kiel/Toopeekoff 2016,
83–256.

Kiel, Benjamin: Zum Umgang mit dem Werk Wittgensteins in der Kunst. In: Stefan Majetschak/Anja Weiberg
(Hg.): Aesthetics Today. Contemporary Approaches to
the Aesthetics of Nature and of Arts. Berlin/Boston 2017,
261–280.

Kienzler, Wolfgang: Wittgensteins Wende zu seiner Spätphilosophie 1930–1932. Eine historische und systematische
Darstellung. Frankfurt a. M. 1997.

Kienzler, Wolfgang: Die Stellung des Big Typescripts in
Wittgensteins Werkentwicklung. In: Majetschak 2006,
11–30.

Kienzler, Wolfgang: Ein Sack Rosinen. Über Wittgensteins
Arbeitsweise und seine Vorstellung vom Ziel seines
philosophischen Arbeitens. In: Wittgenstein-Studien 7
(2016), 15–37.

Klie, Hans-Peter: Wie ich Wittgenstein kennenlernte. Oder:
Was Künstler an Wittgenstein so faszinierend finden.
In: Lütterfelds/Majetschak 2007, 111–119.

Kober, Michael: Gewissheit als Norm. Wittgensteins erkennt-
nistheoretische Untersuchungen in Über Gewissheit. Berlin/
New York 1993.

Leinfellner, Elisabeth/Windholz, Sascha: Ludwig Wittgenstein.
Ein Volksschullehrer in Niederösterreich. Erfurt 2005.

Lütterfelds, Wilhelm/Majetschak, Stefan (Hg.): »Ethik und Ästhetik sind Eins«. Beiträge zu Wittgensteins Ästhetik und Kunstphilosophie. Frankfurt a. M. u. a. 2007.

Majetschak, Stefan: Ludwig Wittgensteins Denkweg. Freiburg/ München 2000.

Majetschak, Stefan: Privatsprache bei Russell und Wittgenstein. Über einige Hintergründe des sogenannten ›Privatsprachenarguments‹. In: Wilhelm Lütterfelds (Hg.): Erinnerung an Wittgenstein. »kein Sehen in die Vergangenheit«? Frankfurt a. M. u. a. 2004, 109–125.

Majetschak, Stefan (Hg.): Wittgensteins ›große Maschinenschrift‹. Untersuchungen zum philosophischen Ort des Big Typescripts (Ts 213) im Werk Ludwig Wittgensteins. Frankfurt a. M. u. a. 2006.

Majetschak, Stefan: Philosophie als Arbeit an sich selbst. Wittgenstein, Nietzsche und Paul Ernst. In: Majetschak 2006, 61–78 [2006a].

Majetschak, Stefan: Kunst und Kennerschaft. Wittgenstein über das Verständnis und die Erklärung von Kunstwerken. In: Lütterfelds/Majetschak 2007, 49–68.

Majetschak, Stefan: Psychoanalyse der grammatischen Missdeutungen: Über die Beziehung Ludwig Wittgensteins zum Werk Sigmund Freuds. In: Alois Pichler/Herbert Hrachovec (Hg.): Wittgenstein and the Philosophy of Information, Bd. 1. Frankfurt a. M. u. a. 2008, 37–59.

Majetschak, Stefan: Lebensformen und Lebensmuster. Zur Deutung eines sogenannten Grundbegriffs der Spätphilosophie Ludwig Wittgensteins. In: Volker Munz/Klaus Puhl/Joseph Wang (Hg.): Language and World. Part One: Essays on the Philosophy of Wittgenstein. Frankfurt a. M. 2010, 265–290.

Majetschak, Stefan: Übersicht, übersichtliche Darstellung und Beweis. Bemerkungen zu einigen zentralen Begriffen in der Spätphilosophie Ludwig Wittgensteins. In: Fynn Ole

Engler/Matthias Iven (Hg.): Große Denker. Leipzig 2013, 105–123.

McGuinness, Brian: Wittgensteins frühe Jahre. Frankfurt a. M. 1988.

Monk, Ray: Wittgenstein. Das Handwerk des Genies. Stuttgart 1993.

Monk, Ray: Ludwig Wittgenstein: A Sketch of His Life. In: Hans-Johann Glock/John Hyman (Eds.): A Companion to Wittgenstein. Hoboken 2017, 5–20.

Moyal-Sharrock, Danièle (Ed.): The Third Wittgenstein. The Post-Investigations Works. Aldershot 2004.

Mühlhölzer, Felix: Braucht die Mathematik eine Grundlegung? Ein Kommentar des Teils III von Wittgensteins *Bemerkungen über die Grundlagen der Mathematik*. Frankfurt a. M. 2010.

Nedo, Michael (Hg.): Ludwig Wittgenstein. Ein biographisches Album. München 2012.

Numminen, Mauri Antero: Gruß aus dem Norden. In: Kiel/Toopeekoff 2016, 13–14.

Pichler, Alois: Wittgensteins *Philosophische Untersuchungen*. Vom Buch zum Album. Amsterdam/New York 2004.

Pinsent, David Hume: Reise mit Wittgenstein in den Norden. Tagebuchauszüge. Briefe. Wien/Bozen 1994.

Ramharter, Esther/Weiberg, Anja: ›Die Härte des Logischen Muss‹. Wittgensteins Bemerkungen über die Grundlagen der Mathematik. Berlin 2006.

Ramharter, Ester: Prosa oder Beweis? Wittgensteins ›berüchtigte‹ Bemerkungen zu Gödel. Texte und Dokumente. Berlin 2008.

Rosenbaum, Stanford P.: Wittgenstein in Bloomsbury: 1911–1931. In: Flowers III./Ground 2016, 154–178.

Rothhaupt, Josef G. F.: Recherchen zu »Teil II« der *Philosophischen Untersuchungen* und zur von Wittgenstein erstellten »C-Sammlung« im Nachlass. In: Wittgenstein-Studien 9 (2018), 155–201.

Rothhaupt, Josef G. F./Vossenkuhl, Wilhelm (Hg.): Kulturen und Werte. Wittgensteins Kringel-Buch als Initialtext. Berlin/Boston 2013.

Russell, Bertrand: Die Philosophie des logischen Atomismus. Aufsätze zur Logik und Erkenntnistheorie 1908–1918. Ausgewählt, übersetzt und eingeleitet von Johannes Sinnreich. München 1979.

Savigny, Eike von: Wittgensteins ›Lebensformen‹ und die Grenzen der Verständigung. In: Wilhelm Lütterfelds/Andreas Roser (Hg.): Der Konflikt der Lebensformen in Wittgensteins Philosophie der Sprache. Frankfurt a. M. 1999, 120–137.

Schmidt-Dengler, Wendelin/Huber, Martin/Huter, Michael (Hg.): Wittgenstein Und. Philosophie →← Literatur. Wien 1990.

Schmidt-Dengler, Wendelin: »Wittgenstein, komm wieder!« Zur Wittgenstein-Rezeption bei Peter Handke. In: Schmidt-Dengler/Huber/Huter 1990, 181–191.

Schulte, Joachim: Erlebnis und Ausdruck. Wittgensteins Philosophie der Psychologie. München/Wien 1987.

Schulte, Joachim: Wittgenstein. Eine Einführung. Stuttgart 1989.

Schulte, Joachim: Chor und Gesetz. Zur ›morphologischen Methode‹ bei Goethe und Wittgenstein. In: Ders.: Chor und Gesetz. Wittgenstein im Kontext. Frankfurt a. M. 1990.

Schulte, Joachim: What is a work by Wittgenstein? In: Alois Pichler/Simo Säätelä (Eds.): Wittgenstein: The Philosopher and His Works. Bergen 2005.

Schulte, Joachim: Ludwig Wittgenstein. Suhrkamp BasisBiographie. Frankfurt a. M. 2005a.

Schwaner, Birgit: Die Wittgensteins. Kunst und Kalkül. Wien 2008.

Literaturverzeichnis

Somavilla, Ilse (Hg.): Wittgenstein – Engelmann. Briefe, Begegnungen, Erinnerungen. Unter Mitarbeit von Brian McGuinness. Innsbruck/Wien 2006.

Specht, Ernst Konrad: Die sprachphilosophischen und ontologischen Grundlagen im Spätwerk Ludwig Wittgensteins. Köln 1963.

Steinfest, Heinrich: Nervöse Fische. München 2004.

Thompson, James M.: Wittgenstein on Phenomenology and Experience: An Investigation of Wittgenstein's ›Middle Period‹. Bergen 2008.

Toopeekoff, Jelena: Ludwig Wittgensteins Ästhetik und die Wittgenstein-Rezeption in der zeitgenössischen Kunst an den Beispielen M. A. Numminen und Franz West. In: Kiel/Toopeekoff 2016, 15–82.

Uffelmann, Sarah Anna: Vom System zum Gebrauch. Eine genetisch-philosophische Untersuchung des Grammatikbegriffs bei Wittgenstein. Berlin/Boston 2018.

Wiener, Oswald: Wittgensteins Einfluss auf die Wiener Gruppe. In: Schmidt-Dengler/Huber/Huter 1990, 89–108.

Wright, Georg Henrik von: Wittgenstein. Frankfurt a. M. 1986.

Ihr kostenloses eBook

Vielen Dank für den Kauf dieses Buches. Sie haben die Möglichkeit, das eBook zu diesem Titel kostenlos zu nutzen. Das eBook können Sie dauerhaft in Ihrem persönlichen, digitalen Bücherregal auf **springer.com** speichern, oder es auf Ihren PC/Tablet/eReader herunterladen.

1. Gehen Sie auf **www.springer.com** und loggen Sie sich ein. Falls Sie noch kein Kundenkonto haben, registrieren Sie sich bitte auf der Webseite.
2. Geben Sie die eISBN (siehe unten) in das Suchfeld ein und klicken Sie auf den angezeigten Titel. Legen Sie im nächsten Schritt das eBook über **eBook kaufen** in Ihren Warenkorb. Klicken Sie auf **Warenkorb und zur Kasse gehen.**
3. Geben Sie in das Feld **Coupon/Token** Ihren persönlichen Coupon ein, den Sie unten auf dieser Seite finden. Der Coupon wird vom System erkannt und der Preis auf 0,00 Euro reduziert.
4. Klicken Sie auf **Weiter zur Anmeldung.** Geben Sie Ihre Adressdaten ein und klicken Sie auf **Details speichern und fortfahren.**
5. Klicken Sie nun auf **kostenfrei bestellen.**
6. Sie können das eBook nun auf der Bestätigungsseite herunterladen und auf einem Gerät Ihrer Wahl lesen. Das eBook bleibt dauerhaft in Ihrem digitalen Bücherregal gespeichert. Zudem können Sie das eBook zu jedem späteren Zeitpunkt über Ihr Bücherregal herunterladen.
   Das Bücherregal erreichen Sie, wenn Sie im oberen Teil der Webseite auf Ihren Namen klicken und dort **Mein Bücherregal** auswählen.

EBOOK INSIDE

eISBN   978-3-476-04935-3
Ihr persönlicher Coupon   9H6JH9dsQP5TXYF

Sollte der Coupon fehlen oder nicht funktionieren, senden Sie uns bitte eine E-Mail mit dem Betreff: **eBook inside** an **customerservice@springer.com.**